Suivez toute l'actualité des éditions Alisio sur le blog :

www.alisio.fr

Rendez-vous également sur le site des éditions Leduc.s. Vous pourrez lire des extraits de tous nos livres, recevoir notre lettre d'information et acheter directement les livres qui vous intéressent, en papier et en numérique !

À bientôt sur www.editionsleduc.com

Maquette : Sébastienne Ocampo
Illustrations : Fotolia

29 boulevard Raspail
75007 Paris - France
ISBN : 979-10-92928-28-0

VINCENT MOLINIÉ ALIX LEFIEF-DELCOURT

LA COMPTABILITÉ

EN 100 QUESTIONS/RÉPONSES

Votre kit de démarrage OFFERT !

Au fil de votre lecture, vous découvrirez des QR codes vous permettant d'accéder à nos contenus exclusifs. Vous pourrez alors télécharger des outils pratiques pour vous aider à démarrer en toute sérénité !

Rendez-vous p. 255 pour plus d'informations.

ALISIO

SOMMAIRE

INTRODUCTION

La comptabilité est fondamentale dans le succès d'une entreprise. Une comptabilité à jour permet de la piloter au mieux, et de rectifier en temps réel les problèmes qui lui sont inhérents. L'objectif de cet ouvrage est de vous expliquer de manière claire et simple les bases comptables afin que vous puissiez échanger de façon fluide avec votre expert-comptable, mais aussi de vous livrer des astuces afin de gérer votre entreprise. Trop d'entreprises disparaissent à cause d'une mauvaise gestion de leur trésorerie ou d'un accroissement de leur besoin en fonds de roulement.

Cet ouvrage est divisé en trois parties.

1. Dans la première partie, nous aborderons **la création de l'entreprise et la mise en place de la comptabilité** avec le choix de la forme juridique et fiscale de l'entreprise, le statut du chef d'entreprise et les bases pratiques pour démarrer une activité.
2. La deuxième partie est consacrée au **pilotage de l'entreprise au jour le jour**, avec les notions de base de la comptabilité, les principales écritures comptables et le plan comptable général, des astuces pour gérer sa comptabilité au quotidien, ainsi qu'un zoom sur la TVA.
3. Dans la troisième partie, c'est **l'heure du bilan et du compte de résultat**, deux formalités comptables qui forment les comptes annuels.

1
À quoi sert la comptabilité ?

En France, tous les acteurs économiques, quel que soit leur statut, doivent tenir une comptabilité. Celle-ci est réglementée et obéit à des principes normalisés.

Cette comptabilité sert :

- **à l'entreprise elle-même** : pour déterminer son résultat, élaborer des prévisions...
- **à l'administration fiscale** : pour calculer le montant des impôts et des différentes taxes.
- **aux organismes sociaux** (caisses de retraite, de Sécurité sociale, assurance chômage...) : pour calculer le montant des cotisations.
- **aux banques et aux investisseurs** : pour connaître l'état financier de l'entreprise et, par exemple, décider ou non de lui accorder un prêt ou un financement.
- **aux clients et aux fournisseurs de l'entreprise** : pour s'assurer de son état financier afin de sécuriser la bonne marche de leur propre entreprise.

2
Qu'est-ce qu'un exercice comptable ?

La comptabilité se réalise sur une période appelée « exercice comptable ». Celui-ci désigne la période de détermination du résultat de l'entreprise et se clôture par l'établissement du bilan et du compte de résultat (voir p. 194).

Sa durée est généralement d'une année (sauf à quelques exceptions près, notamment lors de la création de la société). Le plus souvent, l'exercice comptable correspond à l'année civile, c'est-à-dire du 1er janvier au 31 décembre. Mais celui-ci peut très bien commencer au 1er juin et se terminer au 31 mai de l'année suivante. Ou encore à toute autre date de l'année civile.

LE CONSEIL DE L'EXPERT-COMPTABLE

N'hésitez pas à adapter la date de clôture de vos exercices en fonction de la saisonnalité de votre activité. Par exemple, un cabinet d'expertise comptable qui termine les bilans de ses clients aux mois de mai/juin peut choisir de clôturer ses propres comptes au 30 juin.

3
Quels sont les principaux termes comptables à connaître avant de commencer la lecture de cet ouvrage (et pour comprendre son expert-comptable) ?

Avant d'entrer dans le vif du sujet, il est important d'expliciter certains termes que nous allons utiliser tout au long de l'ouvrage. En voici une définition simple.

- **Chiffre d'affaires (CA)** : c'est la somme des montants des ventes de produits ou de prestations de services réalisées pendant une durée déterminée (**exercice comptable**). Il comprend toutes les ventes, qu'elles aient été encaissées ou non.

- **Recettes** : ce sont les sommes d'argent effectivement encaissées par l'entreprise. Elles s'opposent aux **dépenses**, qui sont les sommes d'argent décaissées.

- **Bénéfice** : c'est un solde positif, dégagé quand le chiffre d'affaires est supérieur aux charges. À l'inverse, on parle de **déficit** quand les charges sont supérieures au chiffre d'affaires.

- **Charge** : c'est un coût généré par l'entreprise. Elle correspond à une diminution du patrimoine de l'entreprise. Elle peut être décaissable, c'est-à-dire impliquer un décaissement, une sortie d'argent : c'est le cas des achats, des salaires, des impôts, des taxes… Elle peut également être non décaissable : elle vient diminuer le résultat de l'entreprise, mais n'implique pas de dépense. C'est le cas notamment des dotations aux amortissements.

- **Produit** : c'est soit une entrée d'argent pour l'entreprise apportée, notamment, par une vente de bien ou de service, soit la contrepartie d'une créance sur un tiers (client).

- **Marge** : c'est la différence entre le coût et le prix de vente d'un produit ou d'un service.

LES PRINCIPALES ABRÉVIATIONS UTILISÉES DANS CET OUVRAGE

BA Bénéfices agricoles
BNC Bénéfices non commerciaux
BIC Bénéfices industriels et commerciaux
CA Chiffre d'affaires
IR Impôt sur le revenu
IS Impôt sur les sociétés

Les différents organismes cités

CIPAV Caisse interprofessionnelle de prévoyance et d'assurance vieillesse, www.cipav-retraite.fr
RSI Régime social des indépendants, www.rsi.fr
URSSAF Union de recouvrement des cotisations de Sécurité sociale et d'allocations familiales, www.urssaf.fr

LA CRÉATION DE L'ENTREPRISE ET LA MISE EN PLACE D'UNE COMPTABILITÉ

La toute première étape, quand on veut lancer sa propre activité, est de bien choisir le statut de sa société. Celui-ci dépend de deux grands critères :

- le nombre d'associés : vous lancez-vous seul ? Ou à plusieurs ?
- le secteur d'activités choisi : allez-vous vendre des biens ? Proposer des services ?

Prendre le temps de bien choisir votre statut, en pesant le pour et le contre de chaque option, est essentiel. De lui dépendent, à court terme, vos différentes obligations comptables, votre statut fiscal… et, à long terme, la pérennité de votre entreprise.

Dans un second temps, il faut penser au financement de votre entreprise et aux aspects pratiques (bureaux, salariés, expert-comptable…), ainsi qu'à votre statut et à votre mode de rémunération en tant que chef d'entreprise.

793

LA FORME JURIDIQUE DE L'ENTREPRISE

Le choix de la forme juridique est la première étape dans la création de l'entreprise. Elle dépend de plusieurs facteurs.

4
Quelle est la différence entre une entreprise individuelle et une société ?

Quand on décide de créer son entreprise, il faut tout d'abord faire le choix entre deux grands types de statuts : l'entreprise individuelle ou la société. Ceux-ci sont bien différenciés, et il est facile de comprendre en quoi ils se distinguent.

- **Dans l'entreprise individuelle, l'entreprise et l'entrepreneur ne forment qu'une seule et même personne.** C'est à la fois un avantage et un inconvénient. La constitution et la gestion quotidienne de l'entreprise sont plus faciles, mais ce statut implique la confusion des patrimoines personnel et professionnel. La responsabilité de l'entrepreneur est donc illimitée. Heureusement, le régime de l'EIRL (entrepreneur individuel à responsabilité limitée, voir p. 24) apporte une solution en permettant de protéger ses biens personnels en cas de défaillance de l'entreprise.

- **Dans le cas de la société, le créateur (et éventuellement son ou ses associés) et l'entreprise sont deux personnes distinctes.** L'avantage est que les patrimoines sont bien différenciés, et que les biens du créateur sont protégés en cas de faillite. Inconvénient : le créateur ne peut pas faire ce qu'il veut des biens de l'entreprise, il doit aussi lui rendre des comptes, car il n'agit pas en son nom, mais au nom de l'entreprise.

5
Quel statut juridique choisir pour mon entreprise si je me lance seul ?

Vous avez décidé de vous lancer dans la grande aventure de l'entrepreneriat tout seul ? Sachez que plusieurs types de statuts sont possibles :
- l'auto-entrepreneur ;
- l'entreprise unipersonnelle à responsabilité limitée (EURL) ;
- l'affaire personnelle (entreprise individuelle) ;
- l'affaire personnelle/profession libérale ;
- l'entreprise individuelle à responsabilité limitée (EIRL) ;
- la société par actions simplifiée unipersonnelle (SASU).

Nous allons maintenant donner les grandes lignes de chacun de ces statuts, avec leurs principaux avantages et inconvénients. Il ne s'agit pas ici de lister dans le détail les règles de chacun de ces régimes, mais plutôt d'avoir une vue d'ensemble bien ciblée qui vous permettra de faire le bon choix.

L'AUTO-ENTREPRENEUR

Le statut d'auto-entrepreneur est le statut le plus récent (il a été mis en place en janvier 2009), mais c'est aussi le plus simple. Il bénéficie de formalités de création, d'un régime fiscal et d'une comptabilité simplifiés. Il est très intéressant sur le plan financier, car il coûte moins cher en termes d'impôts et de charges sociales que les autres statuts d'entreprise unipersonnelle ! En revanche, le plafond maximal (voir page suivante) peut être vite atteint.

LES POINTS CLÉS

- ☞ L'auto-entrepreneur paie ses **charges sociales en fonction de son chiffre d'affaires encaissé,** qu'il déclare, au choix, mensuellement ou trimestriellement **(et non sur des bases provisionnelles, comme pour tous les autres types de société).** Ce qui est plus souple à gérer pour lui, car il n'a pas d'avances de cotisations à faire. Si le chiffre d'affaires est nul, il n'aura pas de charges à payer. De plus, les charges sociales représentent environ 23 % du chiffre d'affaires encaissé*, alors que, pour les autres sociétés, elles représentent environ 38 % des revenus, qu'ils soient encaissés ou non (chiffres d'affaires – charges).
- ☞ Ce statut est réservé aux professionnels qui ont **une petite activité, c'est-à-dire un chiffre d'affaires assez bas :** 32 900 € pour les prestations de services, les activités libérales et les travaux immobiliers, et 82 200 € pour l'achat-revente, la fabrication de produits ou la fourniture de prestations d'hébergement.
- ☞ L'auto-entrepreneur **facture ses prestations ou livraisons hors taxes.** Il ne peut donc pas non plus récupérer la TVA sur ses éventuels achats. Voir aussi p. 156.
- ☞ L'auto-entrepreneur est soumis à l'IR (impôt sur le revenu). À la différence de tous les autres types d'entreprise, **il est imposé en fonction du chiffre d'affaires encaissé** et non pas sur son résultat (produits - charges). En clair, il ne peut pas déduire de charges sur son résultat, ni amortir du matériel. Un abattement forfaitaire pour frais professionnels est appliqué par l'administration fiscale : 71 % du chiffre d'affaires pour les activités d'achat-revente ou de fourniture de logement, 50 % du chiffre d'affaires pour les autres activités relevant des BIC, 34 % du chiffre d'affaires pour les BNC (pour la différence entre BIC et BNC, voir p. 39).
- ☞ **La retraite de l'auto-entrepreneur** est gérée par la CIPAV pour les professions libérales ou par le RSI pour les artisans-commerçants (pour valider quatre trimestres, il faut dépasser

* En 2015, ces taux sont fixés à 13,3 % pour les activités d'achat-revente, 22,9 % pour les prestations de services commerciales et artisanales, pour les activités libérales relevant du régime de retraite du RSI et pour les activités libérales relevant du régime de retraite de la Cipav.

le seuil de 11 600 € pour les prestations de services, les activités artisanales ou commerciales, et 8 790 € pour une activité libérale]. Mais l'URSSAF reste l'interlocuteur unique dans les deux cas.

LE CONSEIL DE L'EXPERT-COMPTABLE

L'auto-entrepreneur est un statut idéal dans les cas suivants :

» Quand vous savez, dès le départ, que votre activité restera en dessous des seuils maximaux de chiffre d'affaires [voir page précédente] : par exemple, s'il s'agit d'une activité annexe à une activité salariée.

» Quand il s'agit d'une activité avec peu d'achats. Par exemple, dans le cas d'un moniteur de ski qui ne vend que son temps et qui ne fait finalement que peu d'achats professionnels. Si les achats sont importants, il est plus judicieux de choisir un statut soumis à TVA, afin de pouvoir récupérer la TVA sur les achats.

» En règle générale, ce statut est favorable pour toutes les prestations pour lesquelles vous vendez votre temps. Par exemple : coach sportif, cours d'anglais ou de maths...

DU NOUVEAU POUR LE STATUT D'AUTO-ENTREPRENEUR

En 2014-2015, le statut d'auto-entrepreneur a subi quelques modifications. Voici les principales.

» Tous les auto-entrepreneurs qui déclarent une activité artisanale [à titre principal ou complémentaire] doivent suivre un stage de préparation à l'installation [SPI], organisé par les chambres de métiers et de l'artisanat.

» Les auto-entrepreneurs doivent obligatoirement effectuer par voie dématérialisée la déclaration et le paiement de leurs cotisations sociales si le chiffre d'affaires qu'ils ont déclaré l'année précédente dépasse 41 100 € pour l'achat-revente, la fabrication de produits ou la fourniture de prestations d'hébergement et 16 450 € pour les prestations de service. →

» Tous les auto-entrepreneurs, qu'ils exercent une activité commerciale ou une activité artisanale à titre principal ou complémentaire, sont dans l'obligation de s'immatriculer au registre du commerce et des sociétés (RCS) ou au répertoire des métiers (RM). Cette immatriculation est gratuite.
» Tous les auto-entrepreneurs sont désormais redevables de la Cotisation foncière des entreprises (CFE).
» Les auto-entrepreneurs ont l'obligation de dédier un compte bancaire à l'ensemble des transactions financières liées à leur activité professionnelle.

L'ENTREPRISE UNIPERSONNELLE À RESPONSABILITÉ LIMITÉE (EURL)

L'EURL est une forme réelle de société, à la différence de l'auto-entrepreneur, qui est un statut hybride. Ce statut oblige à tenir une véritable comptabilité.

LES POINTS CLÉS

☞ Chaque mois ou chaque trimestre (en fonction de la taille de l'entreprise), **l'entrepreneur calcule son résultat** en faisant la différence entre son chiffre d'affaires et ses charges.

☞ **Il doit également déclarer sa TVA** et calculer la différence entre la TVA collectée sur les ventes et la TVA déductible sur les achats (à la différence de l'auto-entrepreneur qui ne collecte pas la TVA).

☞ **L'entrepreneur peut choisir d'imposer sa société soit à l'impôt sur le revenu (IR), soit à l'impôt sur les sociétés (IS).** Voir p. 36.

☞ **La protection sociale de l'entrepreneur est assurée par le RSI.** Elle est calculée en fonction de ses revenus, mais il existe un minimum à payer. Les deux premières années, ces cotisations sont calculées sur une base moyenne, mais déjà assez importante. La troisième année, une régularisation est opérée. Il faut donc être très vigilant dans la gestion de sa trésorerie, car les appels peuvent être importants.

LE CONSEIL DE L'EXPERT-COMPTABLE

Si vous démarrez une activité avec le statut d'EURL, et que vous pensez avoir, dans un premier temps, des revenus faibles, n'hésitez pas à prendre rendez-vous avec le RSI pour expliquer votre situation. Vous pourrez ainsi obtenir que vos appels de cotisations soient calculés sur la base la plus faible. Ce qui vous évitera de devoir sortir beaucoup de trésorerie les deux premières années.

Vous hésitez entre le statut d'EURL et celui d'auto-entrepreneur ? Pour estimer lequel est le plus rentable pour vous à la fin du mois, il est nécessaire de faire quelques calculs. Prenons l'exemple suivant.

EXEMPLE

Charles a décidé de créer son entreprise. Il projette de monter une activité de peinture en bâtiment, tout seul au début. Il projette un chiffre d'affaires annuel de 30 000 € HT. Voici un comparatif des deux régimes.

	Auto-entrepreneur		EURL
Chiffres d'affaires (pas de TVA en auto-entrepeneur)	30 000	Chiffres d'affaires HT	30 000
Achat de matériel : (peinture, pinceaux...)	3 000	Achat de matériel : peinture, pinceaux... (la TVA est récupérée sur les achats, d'où la différence avec la colonne de gauche)	2 400
Frais d'essence	1 000	Frais d'essence (la TVA est récupérée sur les achats)	800
		Charges sociales*	10 600
Résultat	26 000	Résultat	16 200
Charges sociales	6 930		
Impôt sur le revenu	0	Impôt sur le revenu	354
Trésorerie annuelle disponible	**19 070**	**Trésorerie annuelle disponible**	**15 846**
Soit par mois	**1 589**	**Soit par mois**	**1 321**

* Pour calculer vos charges sociales, le RSI propose un simulateur, disponible à cette adresse : www.rsi.fr/simulateur-cotisations-sociales.html.

Conclusion : si vous exercez une activité qui consiste quasi exclusivement à facturer votre temps passé (peu d'achats, donc peu de TVA récupérable sur achats), le statut de l'auto-entrepreneur est préférable.

L'AFFAIRE PERSONNELLE

Le principal intérêt de ce statut résidait autrefois dans sa mise de départ, limitée à 1 €. Aujourd'hui, cet avantage n'est plus intéressant, car d'autres statuts permettent de démarrer une activité avec une mise de départ équivalente. De plus, ce statut a un principal inconvénient : la confusion entre le patrimoine du gérant et le patrimoine de l'affaire personnelle. En clair, si l'entreprise a des problèmes de trésorerie, l'entrepreneur peut être amené à vendre ses biens.

L'AFFAIRE PERSONNELLE/PROFESSION LIBÉRALE

Une profession libérale désigne « toute profession exercée sur la base de qualifications appropriées, à titre personnel, sous sa propre responsabilité et de façon professionnellement indépendante, en offrant des services intellectuels et conceptuels dans l'intérêt du client et du public »*.
Elle regroupe deux grandes catégories de professions :

- les professions libérales réglementées, comme les médecins, les pharmaciens, les avocats, les notaires, les architectes, les experts-comptables, les géomètres... Elles doivent respecter des règles déontologiques strictes et sont soumises au contrôle d'instances professionnelles (syndicat, chambre et ordre).
- les autres professions, comme les consultants, les traducteurs, les formateurs...

** Directive européenne relative à la reconnaissance des qualifications professionnelles, n° 2005/36/CE, 43.*

LES POINTS CLÉS :

- En règle générale, les professions libérales sont **soumises fiscalement à l'IR dans la catégorie des Bénéfices non commerciaux (BNC).** Elles sont soumises soit au régime de la micro-entreprise (si les recettes annuelles sont inférieures à 32 900 €), soit au régime de la déclaration contrôlée (si les recettes annuelles excèdent 32 900 €).
- **Les professions libérales dépendent du Régime social des indépendants (RSI).** Elles sont donc soumises à la régularisation des charges sociales en année n+2. Il est donc important de le prendre en compte dans la gestion de la comptabilité !

LE CONSEIL DE L'EXPERT-COMPTABLE

La profession libérale étant imposée à l'impôt sur le revenu, les bénéfices sont réputés totalement distribués chaque année. Il est donc impossible de mettre des bénéfices en réserve afin de se prémunir d'une moins bonne activité future. La totalité de vos bénéfices est donc soumise à l'IR année après année. C'est un point fondamental car, en pratique, nombre de professions libérales connaissent des pics d'activité forts. Quand l'activité baisse, cela peut engendrer des problèmes de trésorerie, car les tiers d'impôt sur le revenu sont calculés sur l'année précédente. La constitution d'une SELARL (société d'exercice libéral à responsabilité limitée) est une bonne solution, car elle permet de mettre en réserve des bénéfices. Elle sert aux professions libérales à exercer dans le cadre d'une société de capitaux. C'est l'équivalent de la SARL pour les professions libérales. Cette société est soumise à l'impôt sur les sociétés (IS). Le taux d'IS représente 15 % pour la fraction inférieure à 38 120 €, et 33 % pour la fraction au-dessus. Les associés peuvent se rémunérer sous forme de dividendes ou de rémunération. La rémunération des gérants est déductible du résultat.

→

À noter : depuis la loi de finances 2013, les dividendes des SELARL (comme ceux des SARL) sont soumis aux charges sociales. Ce mode de rémunération est donc beaucoup moins attractif qu'auparavant. L'avantage majeur tient au fait que la société peut mettre en réserve des résultats, ce qui permet d'assurer une trésorerie et la pérennité de la société. Pour choisir entre profession libérale et SELARL, il faut étudier les besoins en rémunération des associés en fonction du train de vie désiré et des volontés de développement à moyen et long termes de la société. Si vous envisagez un développement important, la SELARL est intéressante, car on peut mettre des résultats en réserve. Mais, dans ce cas, la somme n'est pas disponible pour les associés !

L'ENTREPRISE INDIVIDUELLE À RESPONSABILITÉ LIMITÉE (EIRL)

L'EIRL est plus un statut juridique que fiscal. Il permet à l'entrepreneur individuel de séparer son patrimoine personnel de son patrimoine professionnel sans avoir à créer une société. Le statut est ouvert à tous ceux qui exercent seuls leur activité.

LES POINTS CLÉS :

☞ Il est possible d'être en EIRL quand on est auto-entrepreneur, lorsqu'on exerce une activité commerciale, libérale, artisanale ou agricole. À la différence de l'EURL, **l'EIRL permet de bénéficier de ce statut,** qui peut être avantageux financièrement et pour son côté pratique (création et comptabilité simplifiées).

☞ **Le patrimoine affecté à l'entreprise** est au minimum composé des biens nécessaires à l'exercice de l'activité professionnelle (bureaux, par exemple).

☞ Fiscalement, **l'entrepreneur est imposé à l'impôt sur le revenu,** sauf option contraire. C'est un bon statut pour les personnes ayant un patrimoine important, qui veulent se lancer dans une activité tout en protégeant leur patrimoine.

☞ **Pour constituer son EIRL,** il faut déposer une déclaration d'affectation du patrimoine à la chambre des métiers (pour les artisans) ou au greffe du tribunal de commerce (pour les autres métiers).

LA SOCIÉTÉ PAR ACTIONS SIMPLIFIÉE UNIPERSONNELLE (SASU)

Le principal avantage de ce statut est juridique. Ce statut laisse en effet beaucoup de liberté pour introduire de nouveaux associés et pour modifier la gouvernance de l'entreprise.

L'autre avantage majeur est que l'entrepreneur peut choisir entre l'IR et l'IS (voir p. 36). La différence avec l'EURL est que, si l'entrepreneur choisit de distribuer son excédent de résultat en dividendes, ces dividendes ne sont pas soumis aux charges sociales.

6

Quel statut juridique choisir pour notre entreprise si je me lance avec un ou plusieurs associés ?

Si vous décidez de lancer votre activité avec une ou plusieurs personnes, vous avez le choix entre trois grands statuts :

- la société par actions simplifiée (SAS) ;
- la société à responsabilité limitée (SARL) ;
- la société anonyme (SA).

LES POINTS CLÉS

☞ Le capital minimum est de 1 € **pour la SAS et la SARL**. Il faut être au minimum 2 personnes.

☞ **Pour la SA,** le capital minimum est de 37 000 €. Il faut être au minimum 7 personnes. C'est donc un statut réservé aux plus grosses entreprises.

LE CONSEIL DE L'EXPERT-COMPTABLE

Sur le plan juridique, la SARL est moins souple que la SAS, car elle ne permet pas toujours d'aménager certaines clauses, notamment dans les prises de décision. Sur le plan fiscal, depuis la loi de finances 2013, la SAS peut s'avérer plus avantageuse dans certains cas que la SARL. En effet, la SARL voit ses dividendes soumis aux charges sociales, ce qui n'est pas le cas pour les SAS.

7

Je suis chômeur et je veux créer mon entreprise : de quels avantages puis-je bénéficier ?

Si vous êtes demandeur d'emploi, vous pouvez bénéficier, pour monter votre activité, de l'ACCRE (Aide aux chômeurs créateurs ou repreneurs d'une entreprise). Cette aide est proposée aux chômeurs demandeurs d'emploi indemnisés et aux titulaires du RSA qui :

- créent leur entreprise ;
- ou reprennent une entreprise existante en difficulté (le dispositif n'est pas accordé, par exemple, à deux frères qui reprendraient l'entreprise de leur père).

Le principal avantage de cette aide : une exonération temporaire de cotisations sociales, pendant 12 mois, sans perte des droits au chômage.

Pour en bénéficier, il faut exercer le contrôle effectif de l'entreprise, c'est-à-dire posséder plus de 50 % des parts sociales et ne pas être subordonné à un employeur. La demande doit être adressée au Centre de formalité des entreprises dans les 45 jours qui suivent la création ou la reprise de l'entreprise.

Plus d'informations sur le site de l'AFE (Agence France Entrepreneur) : www.afecreation.fr.

LE CONSEIL DE L'EXPERT-COMPTABLE

Si vous mettez de l'argent personnel au capital de votre entreprise (ce qui est fréquemment le cas), sachez que vous pouvez bénéficier, sous certaines conditions, d'une déduction fiscale sur votre impôt sur le revenu de 18 % du montant investi. Rapprochez-vous de votre expert-comptable afin d'avoir plus de précisions sur ce point.

8
Auto-entrepreneur et chômeur : comment faire ?

En tant que chômeur et auto-entrepreneur, vous pouvez choisir entre deux formules lorsque vous créez votre entreprise.

1. Vous pouvez continuer à **percevoir partiellement vos allocations chômage**. Dans ce cas, plus vos revenus tirés de l'activité d'auto-entrepreneur augmenteront, plus votre allocation chômage mensuelle baissera.

2. Vous pouvez aussi choisir de **bénéficier d'une aide financière unique** à la création de votre activité d'auto-entrepreneur. Le montant de cette aide appelée ACCRE (Aide au chômeur créant ou reprenant une entreprise) s'élève à 45 % de vos allocations chômage restantes. D'autre part, vous bénéficiez, en demandant l'ACCRE, de charges sociales d'auto-entrepreneur réduites pendant 3 ans.

9
Quelles sont les formalités de création d'entreprise à réaliser dans le cadre d'une entreprise individuelle ?

Afin de créer votre entreprise, il faut vous adresser au greffe du tribunal de commerce du lieu du siège social de votre entreprise. Il vous faut alors remplir le document P0 Cerfa n° 11676*06, et le remettre accompagné des documents suivants :

- une pièce de justification de l'occupation des locaux (bail, quittance, facture EDF, téléphone) ;
- une copie de l'autorisation délivrée par l'autorité de tutelle, du diplôme ou du titre, si l'activité déclarée est réglementée (profession libérale le plus souvent) ;
- une déclaration sur l'honneur de non-condamnation ;
- une copie de votre pièce d'identité.

Plus d'informations à l'adresse suivante : Greffe du tribunal de commerce de Paris : www.greffe-tc-paris.fr/fr/entrepreneurs-individuels/commercant/commercant_creation_imma.html.

10
Quelles sont les formalités de création d'entreprise à réaliser dans le cadre d'une société ?

Si vous avez choisi de constituer une société, vous devez rédiger ses statuts. C'est un document très important sur le plan juridique, car il définit les règles de fonctionnement de l'entreprise, ainsi que les relations entre vous et vos associés. Il anticipe aussi tous les cas de figure qui pourraient survenir dans l'entreprise et proposent un scénario pour chacun.

Ces statuts doivent préciser un certain nombre d'informations importantes :

- **la dénomination sociale** de l'entreprise et l'adresse de son siège social ;
- **l'objet de la société,** c'est-à-dire son ou ses domaine(s) d'activité ;
- **le montant du capital** de la société ;
- **la liste des associés** et leur nombre de parts sociales respectives ;
- **la répartition des pouvoirs** au sein de la société, notamment entre le dirigeant et les associés : règle de majorité en assemblée, minorité de blocage... ;
- **l'exercice social,** c'est-à-dire les dates de début et de fin de l'exercice comptable ;
- **une clause d'agrément** avant l'entrée de tout nouvel associé ;
- **l'option à l'IS,** le cas échéant.

Les statuts doivent être rédigés en quatre exemplaires originaux, datés et signés par les associés. Une fois les statuts rédigés, datés et signés, il faut en déposer un exemplaire dans un délai de 1 mois au Centre de formalités des entreprises (CFE) le plus proche de chez vous. Celui-ci les transmet ensuite au service des impôts des entreprises.

LE CONSEIL DE L'EXPERT-COMPTABLE

Il est facile de trouver des modèles de statuts sur Internet. Mais ce sont des documents types, qui ne prennent pas en compte la spécificité de votre activité ou de votre entreprise. Pour éviter toute omission ou contradiction, le mieux est donc de faire appel à un professionnel : expert-comptable, notaire ou avocat.

11
Qu'est-ce que le numéro SIREN ?

C'est un numéro qui permet d'identifier l'entreprise auprès de tiers (administration fiscale, greffe du tribunal de commerce...). Il doit toujours figurer sur les actes juridiques de l'entreprise, ainsi que sur vos factures.

Pour l'obtenir, allez sur le site www.societe.com et renseignez le nom de l'entreprise. Le numéro SIREN apparaît sur la troisième ligne.

LE STATUT FISCAL ET LES OBLIGATIONS COMPTABLES

Le statut fiscal dépend de la forme juridique de l'entreprise. Mais certains choix sont possibles. Zoom sur les différentes options ainsi que sur les obligations comptables inhérentes à chaque statut.

12
Mon entreprise est-elle soumise à l'impôt sur le revenu (IR) ou à l'impôt sur les sociétés (IS) ?

Selon le statut juridique choisi, les bénéfices de l'entreprise sont soumis soit à l'impôt sur le revenu, soit à l'impôt sur les sociétés. Dans certains cas, vous avez le choix de l'une ou de l'autre option.

Statut	Obligatoirement soumis à l'impôt sur le revenu	Obligatoirement soumis à l'impôt sur les sociétés	Choix entre l'IR et l'IS
Auto-entrepreneur	x		
EURL			Soumis de plein droit à l'IR, mais possibilité d'opter pour l'IS
Affaire personnelle	x		
Affaire personnelle/ profession libérale	x		
SELARL		x	
EIRL			Soumis de plein droit à l'IR, mais possibilité d'opter pour l'IS

Statut	Obligatoirement soumis à l'impôt sur le revenu	Obligatoirement soumis à l'impôt sur les sociétés	Choix entre l'IR et l'IS
SASU			Soumis de plein droit à l'IS, mais possibilité d'opter pour l'IR
SAS		x	
SARL		x	
SA		x	

Attention : toute option à l'IS est définitive et irrévocable.

– Quand l'entreprise est soumise à l'IR, on dit qu'elle est **fiscalement transparente.** Ses bénéfices sont portés sur la déclaration de revenus du chef d'entreprise. L'entrepreneur est donc imposé sur la totalité du bénéfice au titre de son impôt sur le revenu.

EXEMPLE

Si l'entreprise réalise un bénéfice de 50 000 € et que son dirigeant se rémunère 40 000 €, le dirigeant paie l'IR sur 50 000 € et l'entreprise ne paie pas d'IS. Cet exemple montre bien que, pour une entreprise soumise à l'IR, il est impossible de mettre une somme en réserve, sauf à payer l'IR sur la totalité du bénéfice.

– Quand l'entreprise est soumise à l'IS, on dit qu'elle est **fiscalement opaque**. Ses bénéfices nets (après déduction de la rémunération de l'entrepreneur) sont soumis à l'impôt sur les sociétés. Le taux d'imposition est de 15 % quand le résultat est inférieur à 38 120 € et de 33 % sur la fraction au-delà. La rémunération du dirigeant, elle, est soumise à l'impôt sur le revenu.

EXEMPLE

Si l'entreprise réalise un bénéfice de 50 000 € (avant rémunération du ou des dirigeants) et que son dirigeant se rémunère 40 000 € (charges sociales comprises), le dirigeant paie l'IR sur 40 000 € et l'entreprise paie l'IS sur 10 000 €.

LE CONSEIL DE L'EXPERT-COMPTABLE

Si la société est la seule source de revenus de l'entrepreneur (pas de revenus fonciers par ailleurs, conjoint ne travaillant pas), l'IR est une option intéressante, car les premières tranches de l'IR sont plus basses que celles de l'IS. C'est idéal quand on démarre son activité par exemple. De plus, il faut également souligner que le taux de l'impôt sur le revenu est progressif et qu'il tient compte de la situation familiale du contribuable.

En revanche, si l'entrepreneur a d'autres sources de revenus, ou si son résultat est important, il a intérêt à choisir de soumettre son entreprise à l'IS. L'avantage de l'IS est que la société est autonome dans le paiement de son impôt. L'entrepreneur peut donc décider de mettre en réserve, au niveau de sa société, l'excédent de résultat qu'il ne souhaite pas distribuer. Ces résultats mis en réserve ne sont donc pas imposés à l'IR, puisqu'ils restent dans l'entreprise. En revanche, s'il souhaite distribuer son excédent de résultat, il sera soumis à des charges sociales (38 % environ pour une SARL), puis à l'IR sur le net en fonction de la tranche, ce qui est moins intéressant.

Les dividendes ne sont donc avantageux que dans des cas très limités : rémunération très élevée, car les tranches du RSI sont plafonnées. Sinon, ce n'est pas avantageux : mieux vaut laisser le résultat net résiduel en réserve dans l'entreprise, pour financer un développement futur.

13
BIC, BNC et BA : quelles différences ?

Si l'entreprise est soumise à l'IR, les bénéfices sont imposés dans plusieurs catégories différentes, en fonction de la nature de l'activité exercée. Cela a une incidence sur le mode de calcul, des frais imposables et du bénéfice imposable.

On distingue ainsi :
- les bénéfices industriels et commerciaux (BIC) : pour les activités commerciales, industrielles et artisanales, mais aussi pour les activités de location, transport ou intermédiaires (comme les courtiers ou les agents immobiliers) ;
- les bénéfices non commerciaux (BNC) : pour les activités libérales ;
- les bénéfices agricoles (BA) : pour les cultivateurs et les éleveurs.

Voici un petit schéma récapitulatif des différentes formes juridiques et des divers régimes d'imposition.

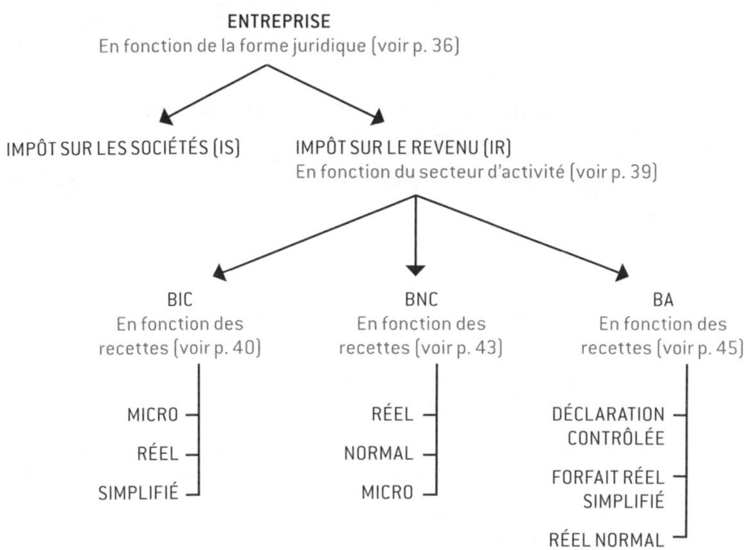

14
Quelles sont les obligations comptables des BIC ?

En fonction de votre chiffre d'affaires, vous relevez de tel ou tel régime. Celui-ci détermine vos obligations comptables. Dans un premier temps, il faut donc déterminer le régime qui vous correspond, grâce au tableau ci-dessous (base 2015).

Vente de marchandises, objets, fournitures...		Prestation de services	
CA HT annuel	Régime	CA HT annuel	Régime
< 82 200 €	Micro-entreprise et franchise de TVA	< 32 900 €	Micro-entreprise et franchise de TVA
< 783 000 € et > 82 200 €	Réel simplifié	< 236 000 € et > 32 900 €	Réel simplifié
> 783 000 €	Réel normal	> 236 000 €	Réel normal

SI VOUS ÊTES EN MICRO-ENTREPRISE

Pour rappel, ce régime ne concerne que les personnes physiques. Dans ce cas, votre patrimoine personnel et celui de votre entreprise sont confondus. Il n'y a pas de séparation entre les deux.

- Vous bénéficiez dans ce cas d'une **comptabilité simplifiée**. Vos deux seules obligations sont les suivantes :
  - tenue au jour le jour d'un **livre des recettes** mentionnant de manière chronologique le montant et l'origine des recettes encaissées à titre professionnel, en différenciant les espèces des autres modes de règlement. Les références des pièces justificatives doivent être indiquées ;

– tenue d'un **livre des dépenses** récapitulant par année le détail des achats, en précisant le mode de règlement et en conservant les pièces justificatives.

- Vous n'avez pas de **bilan et de compte de résultat** à établir.
- Vous n'avez pas de **TVA à déclarer** (vous êtes en franchise de TVA, voir ci-dessous).
- Lors de l'établissement de votre déclaration de revenu, vous n'avez que **votre chiffre d'affaires à déclarer** sur la ligne 5NO (vente de marchandises) ou 5NP (prestation de services).

À NOTER

Si vous êtes en micro-entreprise, vous pouvez opter de plein droit pour le régime réel simplifié ou pour le régime réel normal. Cette option est valable 2 ans et reconductible tacitement.

QU'EST-CE QUE LA FRANCHISE DE TVA ?

La franchise de TVA signifie que vous n'avez pas de TVA à collecter sur vos ventes. Vos factures de ventes ou de prestations doivent comporter la mention « TVA non applicable, art. 293B du CGI ». En contrepartie, vous ne pouvez donc pas récupérer la TVA sur vos achats. Vos dépenses doivent donc être inscrites TTC dans votre livre des dépenses. Voir aussi p. 156.

SI VOUS ÊTES AU RÉEL SIMPLIFIÉ

Le statut du régime du réel simplifié vous permet d'alléger vos obligations comptables (par rapport au réel normal).

- Vous devez tenir une comptabilité complète : livre-journal, grand livre, livre d'inventaire, inventaire annuel... et établir, en fin d'année, **un bilan et un compte de résultat**. Toutes ces notions sont expliquées à partir de la p. 167 pour le livre-journal, le grand livre... et de la p. 191 pour le bilan et le compte de résultat.
- Mais vous pouvez aussi opter pour la tenue d'une **comptabilité super-simplifiée** : elle permet de tenir une **comptabilité de trésorerie**

au quotidien et donc de constater vos créances et vos dettes uniquement à la fermeture de l'exercice et non au fil de l'exercice. Voir la différence entre comptabilité de trésorerie et comptabilité d'engagement p. 49.

- En fonction de certains seuils, vous pouvez présenter une **annexe abrégée** ou être **dispensé d'annexe.**

À NOTER

Si vous êtes au réel simplifié, vous pouvez opter de plein droit pour le régime du réel normal. Cette option est valable 2 ans et reconductible tacitement.

SI VOUS ÊTES AU RÉEL NORMAL

- Dans ce cas, vous devez tenir une comptabilité plus lourde, au jour le jour.
- Vous devez obligatoirement tenir **divers journaux comptables** : livre-journal, grand livre, livre d'inventaire... C'est la vraie différence avec le régime réel simplifié.
- En fin d'année, vous devez établir un **bilan et un compte de résultat**. Voir p. 194.
- À la clôture de l'exercice, les entreprises soumises à ce régime ont également des obligations comptables complémentaires, notamment **l'établissement d'une annexe,** dans laquelle doivent figurer le tableau des immobilisations, celui des amortissements, des provisions et un état des créances et des dettes.

15
Quelles sont les obligations comptables des BNC ?

Dans le cas des BNC, c'est le montant HT des recettes de l'année qui détermine le régime et donc les obligations comptables.

Recettes HT < 32 900 €	Recettes HT > 32 900 € et < 236 000 €	Recettes HT > 236 000 €
Micro-BNC + franchise de TVA	Régime de la déclaration contrôlée/réel simplifié	Régime de la déclaration contrôlée/réel normal

SI VOUS ÊTES EN MICRO BNC (OU RÉGIME SPÉCIAL BNC)

Ceci n'est applicable que si vous exercez en personne physique. Vos obligations comptables sont très allégées.

- Vous devez simplement tenir un **livre-journal des recettes**, document enregistrant le détail journalier de vos recettes professionnelles.
- Vous n'avez **pas de déclaration de TVA** à effectuer.
- Sur votre **déclaration d'impôt**, il faut juste renseigner sur votre déclaration d'impôt la case 5NP. L'administration applique automatiquement un abattement censé couvrir vos charges.

À NOTER

Si vous êtes au régime micro BNC, vous pouvez opter de plein droit pour le régime de la déclaration contrôlée. Cette option est valable 2 ans et reconductible tacitement.

SI VOUS ÊTES SOUS LE RÉGIME DE LA DÉCLARATION CONTRÔLÉE

Que vous soyez au réel simplifié ou au réel normal, vous devez déclarer le montant exact de votre bénéfice. Vos obligations comptables sont les suivantes.

- Vous devez tenir un **livre-journal** comportant le détail des dépenses et des recettes professionnelles.
- Vous devez également tenir un **registre des immobilisations** et amortissements, si applicable.
- Vous devez remplir une **déclaration 2035 et ses annexes**. Et reporter le résultat sur votre déclaration de revenus n° 2042.
- La seule différence entre réel normal et réel simplifié réside dans le **régime de TVA**. Les entreprises au réel simplifié bénéficient d'un régime simplifié d'imposition à la TVA (déclaration annuelle de TVA, formulaire CA12). Les entreprises soumises au réel normal sont soumises au régime du réel normal d'imposition à la TVA (déclaration mensuelle de la TVA, formulaire CA3).

À NOTER

Si vous êtes sous le régime de la déclaration contrôlée au réel simplifié, vous pouvez opter de plein droit pour le régime du réel normal. Cette option est valable 2 ans et reconductible tacitement.

À NOTER

Dans certains cas, vous devez tenir une comptabilité d'engagement et remplir une annexe, et vous êtes soumis au plan comptable général. Ceci concerne :

» les notaires et huissiers de plein droit ;

» les sociétés professionnelles qui dépassent 2 des 3 seuils suivants :

- 50 salariés ;
- 3,1 millions de CA ;
- 1,5 million de total bilan.

16
Quelles sont les obligations comptables des BA ?

Pour les entreprises imposées dans la catégorie des bénéfices agricoles, c'est la moyenne des recettes TTC des deux dernières années qui permet de déterminer le régime d'imposition.

Moyenne des recettes des deux dernières années < 76 300 €	Moyenne des recettes des deux dernières années comprise entre 76 000 € et 350 000 €	Moyenne des recettes des deux dernières années > 350 000 €
Régime du forfait	Régime du réel simplifié	Régime du réel normal

SI VOUS ÊTES SOUS LE RÉGIME DU FORFAIT

Vous n'avez aucune obligation comptable. Vous devez simplement établir une déclaration contenant les renseignements nécessaires au calcul de votre bénéfice [formulaire 2342]. Le revenu imposable est calculé de façon forfaitaire en fonction des caractéristiques physiques de l'exploitation.

À NOTER

Vous pouvez opter volontairement pour le régime réel simplifié ou normal. Cette option est valable 2 ans et reconductible tacitement.

LE CONSEIL DE L'EXPERT-COMPTABLE

Certes, les obligations comptables de ce statut sont très allégées. Mais, dans ce cas, vous ne bénéficiez pas de l'abattement lié au Centre de gestion agréé ou au viseur [voir p. 68]. Résultat : cela peut s'avérer beaucoup moins rentable qu'il n'y paraît. Pensez à faire vos calculs en vous faisant aider par un expert-comptable.

SI VOUS ÊTES SOUS LE RÉGIME DU RÉEL SIMPLIFIÉ

Dans ce cas, vous devez tenir une comptabilité simplifiée.

- Vous devez tenir un **livre-journal** enregistrant le détail des recettes et des dépenses, accompagné des pièces justificatives.
- Vous devez tenir un **livre d'inventaire** et un compte simplifié de résultat fiscal.
- **Les créances et les dettes** sont constatées à la clôture de l'exercice.

À NOTER

Vous pouvez opter volontairement pour le régime réel normal. Cette option est valable 2 ans et reconductible tacitement.

SI VOUS ÊTES SOUS LE RÉGIME DU RÉEL NORMAL

Votre comptabilité est un peu plus complexe.

- Vous devez tenir un **livre-journal** enregistrant le détail des recettes et des dépenses, accompagné des pièces justificatives.
- Vous devez tenir un **livre d'inventaire** sur lequel figurent les **bilans**.

17
Quelles sont les obligations comptables des employeurs ?

Si vous employez un ou plusieurs salariés, vous devez remplir, en plus des obligations comptables liées à votre statut (BNC, BIC OU BA), un certain nombre d'obligations.

- Lorsque vous recrutez une personne, vous devez remplir la **DUE (Déclaration unique d'embauche)**. Cette démarche peut être effectuée en ligne, sur le site www.urssaf.fr.
- Pour les **fiches de paie mensuelles**, rapprochez-vous d'un expert-comptable ou d'une entreprise spécialisée en la matière.
- Chaque année, pour le 31 janvier, n'oubliez pas de remplir la **DADS (Déclaration annuelle des données sociales)**. Elle permet d'envoyer toutes les données des salariés aux différents organismes sociaux : caisses de Sécurité sociale, institutions de retraite complémentaire, institutions de prévoyance, mutuelles...
- Tous les trimestres ou mois (en fonction de la taille de votre entreprise), vous devez également **télédéclarer des bordereaux** à l'Urssaf pour le paiement de vos charges. Nouveauté : depuis début 2017, la Déclaration sociale nominative (mensuelle) est obligatoire pour toutes les entreprises. Plus d'infos sur www.dsn-info.fr.
- **Pensez enfin à la taxe d'apprentissage** : vous devez réaliser les formalités avant le 1er mars de chaque année pour l'année civile N-1. Cette taxe représente 0,5 % de la masse salariale (somme des salaires versés). À retenir : chaque employeur peut choisir de verser une partie de cette taxe à une université, une école ou un organisme de formation de son choix.

18
Comptabilité d'engagement et comptabilité de trésorerie : quelle différence ?

Il existe deux grandes façons de tenir sa comptabilité :

- **Dans la comptabilité de trésorerie,** on comptabilise les charges quand on a payé la facture du fournisseur. Et on comptabilise les produits d'exploitation quand les clients ont payé la facture.
- **Dans la comptabilité d'engagement,** on comptabilise les charges (les achats), même si elles ne sont pas payées pendant l'exercice comptable. De la même façon, on comptabilise les produits d'exploitation (les ventes), même si les clients n'ont pas réglé toutes les factures.

Chaque mode de tenue de compte a ses avantages... et ses inconvénients. Pour schématiser, on peut dire que :

- **La comptabilité de trésorerie est plus simple, mais plus limitée.** Elle est facile à tenir au quotidien, mais ne permet pas d'avoir une vue d'ensemble sur ses comptes, si vous accordez des délais de paiement ou si vous devez faire face à des retards de règlements.
- **La comptabilité d'engagement est plus complexe, mais plus précise.** Elle permet d'avoir une vue d'ensemble sur ses comptes, et notamment sur les dettes (à payer) et les créances (à encaisser). Mais elle nécessite des logiciels compliqués et un minimum de connaissance de la comptabilité. D'où l'intérêt de se faire assister par un expert-comptable.

19
Comment choisir entre comptabilité d'engagement et comptabilité de trésorerie ?

Vous n'avez pas toujours le choix entre comptabilité d'engagement et comptabilité de trésorerie. Tout dépend de votre statut.

- **Si vous êtes commerçant, et si vous exercez sous forme d'EURL,** et si votre chiffre d'affaires est inférieur à 236 000 € pour une entreprise de services ou à 783 000 € pour une activité de vente de marchandises, vous êtes soumis au régime fiscal simplifié. Il vous est donc possible de tenir une comptabilité de trésorerie. Au-dessus de ces seuils de chiffre d'affaires, la comptabilité d'engagement est obligatoire.
- **Si vous êtes petit commerçant personne physique (entreprise individuelle),** vous avez le choix entre comptabilité de trésorerie et comptabilité d'engagement. Vous pouvez toutefois opter pour le régime de la comptabilité « super-simplifiée », ce qui allège encore vos obligations comptables.
- **Si vous êtes profession libérale,** quel que soit votre régime (micro ou régime de la déclaration contrôlée), la comptabilité de trésorerie est obligatoire.
- **Si vous avez opté pour l'IS** (impôt sur les sociétés, p. 36), quel que soit votre statut, vous devez opter pour la comptabilité d'engagement.

LES DÉTAILS PRATIQUES

Une fois que vos statuts juridiques et fiscaux sont bien déterminés, il reste encore quelques questions pratiques à envisager…

20
De combien ai-je besoin pour démarrer mon activité ?

Le chiffrage des fonds pour démarrer son activité nécessite de réaliser un business plan. Pour cela, il est utile de se faire assister par un expert-comptable, car la forme de ce business plan est très importante, notamment pour les banques et les organismes de financement. C'est à partir de ce support qu'ils vont apprécier la fiabilité et la validité de votre projet et donc décider de vous prêter ou non des fonds.

21
Comment réaliser un business plan ?

Les éléments à prendre en compte dans le business plan sont les suivants :

- Quels investissements lourds nécessite mon activité ? Exemple : si vous vous lancez dans une activité de vente en ligne, combien va coûter votre site Internet ?
- Au bout de combien de temps vais-je avoir mes premiers clients ?
- Combien de temps vont-ils mettre à payer mon entreprise ?
- Puis-je payer certains fournisseurs en décalé (30 jours/60 jours) ?

Pour faire le business plan, il faut faire un tableau Excel mois par mois avec : Chiffres d'affaires - charges = résultat mensuel.

Pour rappel :
Chiffre d'affaires : somme des factures émises.

Charges : loyer, rémunération personnelle + 40 % de charges sociales, charges courantes, coût d'achat des produits, si activité de négoce.

En pratique, pour réaliser un business plan, il faut connaître certaines notions importantes que nous aborderons dans la suite de cet ouvrage. Voilà pourquoi nous vous proposons un exemple de business plan en fin d'ouvrage (voir Annexe 1, p. 225).

22
Qu'est-ce que le BFR (besoin en fonds de roulement) ?

Une autre notion importante doit être prise en compte au démarrage de l'activité : c'est le BFR ou besoin en fonds de roulement. En effet, l'entreprise doit généralement engager des dépenses avant de percevoir ses premières recettes. Le BFR représente le décalage permanent qui existe entre les dépenses et les recettes de l'entreprise.

BFR = stock + créances clients - dettes fournisseurs

EXEMPLE
Pierre a démarré son entreprise à l'exercice N. Il faisait au départ 20 000 € de chiffre d'affaires. En N+4, il réalise 350 000 € de chiffre d'affaires annuel et a embauché quatre personnes. L'activité a fortement décollé, ce qui est le résultat des nombreux efforts fournis par Pierre.

Son activité consiste à mettre à disposition son personnel afin de réaliser du management financier de transition pour des restructurations d'entreprises. Il facture au mois ses prestations et est payé par ses clients à 60 jours. Les salariés sont réglés en fin de mois.

Il vient de signer une importante mission pour restructurer un groupe industriel. Elle va occuper son équipe de quatre personnes pour 10 mois.

Les salariés de Pierre perçoivent chacun 2 500 € net. Le coût pour Pierre par salarié (charges sociales salariales et patronales une fois payées) s'élève à 4 250 €.

Pierre facture à son client 7 000 € par mois par salarié mis à disposition.

Voici l'état du BFR mois par mois.

Créances clients dues	Salaires et charges sociales à payer	Besoin en fonds de roulement (BFR)
	Mois M	
7 000 x 4 = 28 000	4 250 x 4 = 17 000	28 000 - 17 000 = 11 000
	Mois M+1	
28 000 + 28 000 = 56 000	17 000	56 000 - 17 000 = 39 000
	Mois M+2	
56 000 – 28 000 (Pierre est payé de sa 1re facture émise au mois M) + 28 000 (facturation du mois en cours) = 56 000	17 000	56 000 - 17 000 = 39 000
	Mois M+3	
56 000 – 28 000 (règlement du mois M+1) + 28 0000 (facturation du mois en cours) = 56 000	17 000	56 000 - 17 000 = 39 000
	Mois M+ 4	
...	...	...

À première vue, Pierre a remporté une très belle affaire, qui lui génère une marge brute de 39 % ([28 000 - 17 000] / 28 000). En raison des décalages entre ses encaissements (les clients règlent à 60 jours) et ses décaissements (les salariés sont payés chaque fin de mois), Pierre se retrouve à financer 39 000 €. Cet exemple montre bien que, même en cas de croissance de l'entreprise, le BFR augmente bien souvent. Ce point doit absolument être anticipé lors de chaque phase de croissance de votre société. D'où l'importance d'être vigilant sur les délais de paiement accordés aux clients.

LE CONSEIL DE L'EXPERT-COMPTABLE

N'oubliez jamais un point important : quand l'activité augmente brusquement, votre besoin en fonds de roulement augmente de manière générale. Il faut donc penser au financement, même en période de forte croissance.

23
Où trouver l'argent pour lancer mon entreprise ?

Cela dépend du type d'activité que vous souhaitez lancer.

Si vous désirez vous lancer dans une activité de recherche et développement, vous avez le choix entre plusieurs possibilités :

- Vous pouvez vous tourner vers des organismes comme **la BPI** (Banque publique d'investissement) : **www.bpifrance.fr**.
- Rendez-vous sur le site www.financement-tpe-pme.com, dépendant de l'ordre des experts-comptables. Vous trouverez des explications détaillées sur les différents types de financement, ainsi que des dossiers de financements auprès des plus grandes banques françaises, avec des packages pour emprunter jusqu'à 25 000 €. La banque doit vous répondre sous 2 jours et justifier son refus.
- **Les plateformes de crowfunding,** comme www.kisskissbankbank.com ou www.lendopolis.com, sont également une bonne option. L'ordre des experts-comptables a signé un partenariat avec Lendopolis : n'hésitez pas solliciter votre expert-comptable.
- Vous pouvez également trouver des sources de financement auprès de **business angels**. Pour en savoir plus, rendez-vous sur le site www.financement-tpe-pme.com, onglet Capital investissement.
- Renseignez-vous également si vous êtes éligible au **Crédit d'impôt recherche** (CIR), qui peut subventionner ce type d'activités. Demandez conseil auprès du service des impôts des entreprises dont vous dépendez.

LE CONSEIL DE L'EXPERT-COMPTABLE

Si vous effectuez une activité novatrice, il est important de se pencher sur la possibilité d'obtenir le statut de JEI (Jeune entreprise innovante). Ce statut peut permettre d'obtenir, entre autres, une réduction de charges sociales importantes. Nous vous conseillons de faire la demande de rescrit de JEI auprès de l'administration fiscale, afin d'être certain que votre activité est éligible. Faites-vous assister par votre expert-comptable, car les montants peuvent être très importants.

À noter : la demande de rescrit est un courrier que vous envoyez à l'administration fiscale afin de savoir si votre entreprise est éligible au statut de JEI. Elle vous répondra en amont si vous êtes éligible ou non. Cela permet de sécuriser votre position vis-à-vis de l'administration fiscale.

Pour toutes les autres activités : tournez-vous directement vers les banques.

24
Comment facturer au juste prix ?

Le taux de marge est un indicateur très important à suivre de près. **Chez un grossiste ou un vendeur de produits manufacturés,** il se calcule de la manière suivante : (chiffre d'affaires du mois - coût des produits vendus du mois) / chiffre d'affaires x 100.

EXEMPLE
Pierre et Antoine ont monté une entreprise qui vend des petites bouteilles de cidre à des restaurateurs, bouteilles qu'ils ont achetées dans une cidrerie. Cette année, l'entreprise a acheté pour 42 500 € HT de bouteilles et en a vendu pour 75 000 € HT. La cidrerie expédie directement les commandes au restaurateur, ce qui permet à l'entreprise de Pierre et Antoine de ne pas avoir de stocks. Son taux de marge est de (75 000 - 42 500) / 75 000 x 100, soit 43,33 %. Pierre et Antoine avaient prévu dans leur budget de réaliser un taux de marge de 50 %. Au fil des discussions avec les restaurateurs, ils ont accepté de faire quelques rabais en fonction des volumes commandés. C'est l'explication de la différence entre le taux budgété par Pierre et le taux réel.

LE CONSEIL DE L'EXPERT-COMPTABLE

Dès le business plan, il est conseillé de calculer le taux de marge qui permet de couvrir les charges fixes : c'est le « point mort » ou « seuil de rentabilité ». C'est un indicateur très important car, au-dessus, votre entreprise gagne de l'argent. En dessous, elle en perd. Votre point mort doit sans cesse être actualisé, notamment lors d'événements importants (embauche, prise de locaux...). Il ne faut jamais descendre en dessous de ce taux, même si la quantité commandée est potentiellement très importante. Il vaut mieux toujours refuser des ventes non rentables, même si la tentation peut être parfois grande !

Dans une entreprise de prestations de services, le suivi des marges ne peut se faire de la même façon car, ce que l'on vend, ce sont des heures de travail. Pour suivre la rentabilité de l'entreprise, la solution est d'établir des feuilles de temps afin de suivre les heures effectivement facturées. Pour cela, il faut appliquer un taux horaire en fonction de l'expérience du salarié ou du chef d'entreprise (il existe des données spécifiques à chaque secteur d'activité pouvant servir de référence). **L'analyse du coût de revient** est donc essentielle. Pour cela, faites-vous assister par votre expert-comptable.

- Dans un premier temps, il faut **calculer le coût de revient actuel**. Souvent, les heures travaillées représentent les coûts les plus importants. Pour obtenir le coût de revient, il faut additionner :
  - le coût des heures travaillées (+ charges sociales, soit environ 40 % du brut) ;
  - + le coût des matières achetées ;
  - + une quote-part pour les charges fixes.
- Dans un second temps, il faut **suivre son coût de revient,** notamment au niveau des heures passées sur un projet, afin de savoir s'il ne faut pas refacturer les heures supplémentaires passées. Ce suivi est important, car il a un impact direct sur votre rentabilité

EXEMPLE

Marine a monté une entreprise de conseil aux entreprises. Au départ, elle est seule pour exercer son activité. Face au surcroît d'activité, elle a recours à l'embauche de deux collaborateurs : l'un débutant (Maxence), au taux horaire de 50 €, et l'autre expérimentée (Anne), au taux horaire de 80 €. Elle a vendu une mission de conseil auprès d'une entreprise pour un montant de 20 000 € HT par an.

Au début de la mission, Anne a passé 50 heures sur le dossier afin de former et d'expliquer les particularités de la mission à Maxence. Il s'est ainsi retrouvé autonome sur le dossier. Le client de Marine apprécie beaucoup le travail de Maxence. Il a donc souhaité fermement que Maxence reste plus longtemps que prévu sur le dossier, afin d'effectuer des travaux complémentaires. Au final, Maxence a passé 610 heures sur le dossier.

Marine n'a pas pratiqué d'avenant à sa lettre de mission. Une analyse des temps passés a posteriori fait pourtant ressortir un dépassement de 14 500 €. Marine n'a pas anticipé ce dérapage auprès du client et aurait dû lui faire signer un avenant à sa lettre de mission. Elle aurait pu s'en rendre compte, si des feuilles de temps quotidiennes avaient été réalisées au sein de son entreprise de conseil.

Collaborateur	Nombre d'heures	Taux horaire	TOTAL
Maxence	610	50	30 500
Anne	50	80	4 000
TOTAL			34 500

LE CONSEIL DE L'EXPERT-COMPTABLE

Si vous exercez une activité de prestation de services, il vous faut absolument suivre un certain nombre de choses :

» les temps passés par chaque collaborateur sur un dossier ;
» le taux horaire par collaborateur. Plus il est expérimenté, plus le taux horaire est élevé. Il dépend également bien souvent du niveau d'urgence demandé par le client, et de votre degré de différenciation sur le marché (êtes-vous le seul à fournir cette prestation ?) ;
» la quantité de marchandises utilisées sur un dossier (exemple du BTP).

Il vous faut ensuite faire des comparatifs réguliers entre le budget de votre mission et le temps réellement passé. Il faut une circulation de l'information la plus fluide possible.

Bien facturer ses prestations impose donc un suivi rigoureux des coûts supportés par l'entreprise. C'est une condition essentielle au succès.

25
Où installer les locaux de mon entreprise ?

Il existe plusieurs possibilités. À vous de choisir en fonction de votre environnement, de vos contraintes...

- Faire le choix d'installer son entreprise **dans une pépinière** proche de chez vous est souvent une bonne option, car c'est assez peu cher. De plus, cela permet de rompre l'isolement dont parlent souvent les créateurs d'entreprise. De plus, les pépinières ont l'avantage de disposer de tous les consommables (imprimante...) : vous n'avez donc pas à les acheter vous-même.

- Sachez que, si vous avez **un bureau dédié chez vous** pour installer votre entreprise, vous pouvez déduire de votre résultat la part nécessaire à votre exploitation. Attention : cette opération ne doit pas générer de marge à titre personnel. Vous devez effectuer une facturation à l'euro-l'euro. Vous devez alors calculer le prorata du loyer en fonction des mètres carrés utilisés par l'entreprise, multiplié par le prix moyen au mètre carré des bureaux aux alentours.

- **L'achat des locaux** peut également être envisagé, pour les entreprises un peu plus anciennes. Acheter des locaux via une SCI (Société civile immobilière) peut être un avantage important pour le dirigeant, car l'investissement n'est pas soumis à l'ISF (car considéré comme nécessaire à l'exploitation de l'entreprise). Dans ce cas, faites-vous assister par votre expert-comptable, car la SCI nécessite de se conformer à certaines obligations comptables.

26
Les statuts de mon entreprise sont en cours, comment faire pour engager les premières dépenses ?

Sachez qu'il est possible d'engager les premières dépenses à titre personnel si l'entreprise est en cours de création. Par exemple, vous avez besoin d'un ordinateur pour lancer votre projet. Vous pouvez engager cette dépense personnellement en gardant la facture. Elle peut ensuite être annexée aux statuts lors de la création, pour que l'entreprise une fois créée puisse vous rembourser. Le mot-clé à retenir est « reprise des actes de la société en formation dans les statuts ».

27
Quelles dépenses puis-je mettre en notes de frais ?

Pour être éligibles au processus de notes de frais, les dépenses doivent être dans l'intérêt social de la société, pour éviter tout problème en cas de contrôle fiscal. Elles ne doivent pas être somptuaires (voiture de luxe, bateau...). Par exemple :

- **Les frais de voyage et de déplacement** sont déductibles quand ils ont effectivement un caractère professionnel et peuvent être justifiés par des documents. Le personnel de l'entreprise peut également être remboursé au titre de l'utilisation professionnelle de son véhicule personnel. Dans ce cas, le salarié ou le dirigeant de l'entreprise doit effectuer une note de frais en appliquant le barème kilométrique. Si une voiture est mise à disposition du salarié (voiture de fonction), une partie du coût de la voiture doit être mentionné en avantages en nature sur la fiche de paie du salarié.

À NOTER

Les avantages en nature sont soumis aux charges sociales.

- **Les frais de réception et de représentation.** Les repas d'affaires sont déductibles quand ils sont justifiés et « dans un rapport normal avec l'activité et l'avantage attendus ». L'administration fiscale considère qu'une dépense de repas est exagérée quand elle dépasse 17,90 €.
- Autre exemple : **l'abonnement téléphonique**. Si les appels sont dans l'intérêt social de l'entreprise, les frais engagés sont déductibles par la procédure des notes de frais, si l'abonnement est à votre nom. Si l'abonnement professionnel est au nom de la société, les frais sont déductibles via une facture.

LE CONSEIL DE L'EXPERT-COMPTABLE

Pour les petites entreprises, il est plus intéressant de maintenir son abonnement téléphonique particulier, et de faire des notes de frais, plutôt que de prendre un abonnement professionnel, souvent plus onéreux.

LE CONSEIL DE L'EXPERT-COMPTABLE

Le plus simple est de réaliser ses notes de frais avec un logiciel permettant de les transmettre directement à son expert-comptable, ou de les faire sur un tableur Excel.

Il existe aussi désormais des applications qui permettent de prendre en photo vos notes de restaurant avec votre smartphone. Les éléments transitent ensuite sur une plateforme dans le cloud directement relié à votre expert-comptable. Les plateformes les plus connues sont Receipt Bank, RCA, FacNote...

28
Combien coûte un salarié ?

Votre entreprise grossit, et vous envisagez d'embaucher des salariés ? Sachez qu'au montant net à payer que touche chaque mois le salarié, il faut ajouter :

- **les cotisations salariales** versées directement à l'entreprise par l'URSSAF pour le compte du salarié. Soit environ 22 % du montant brut.
- **les charges patronales.** Soit environ 40 % du montant brut.

EXEMPLE

Vous souhaitez payer votre salarié 1 500 € brut.
Les cotisations salariales sont donc de 330 € environ (votre salarié touchera effectivement 1 170 € net).
Vos charges patronales, elles, seront donc de 600 € environ.
Au final, pour un salaire net de 1 170 €, vous devrez débourser environ 2 100 €.

29
Quelles sont les procédures à effectuer lors d'une embauche ?

Vous devez en tout premier lieu effectuer la déclaration préalable à l'embauche sur le site Internet de l'Urssaf. Le lien est le suivant : https://www.due.urssaf.fr/declarant/arLibre.jsf.

Sachez que cette formalité doit absolument être effectuée avant l'entrée du salarié dans l'entreprise ou bien le jour J. Le respect des délais est très important.

Pour remplir les champs de la déclaration d'embauche, vous avez besoin d'une copie de la carte vitale de l'employé, ainsi que d'une copie de sa carte d'identité.

LE CONSEIL DE L'EXPERT-COMPTABLE

Depuis le 1er janvier 2016, tous les salariés du secteur privé doivent être couverts par une mutuelle obligatoire d'entreprise. Rapprochez-vous de votre expert-comptable pour en savoir plus.

30
Dois-je prendre un expert-comptable et quel est son rôle ?

L'expert-comptable est le conseil clé du chef d'entreprise. Il exerce en libéral auprès de plusieurs entreprises, à qui il facture des honoraires. C'est une profession encadrée, qui s'exerce sous la tutelle de l'Ordre des experts-comptables. **Il engage sa responsabilité en attestant de la régularité des comptes de l'entreprise.** En échange, un bilan visé par un expert-comptable est un gage de crédibilité, vis-à-vis d'une banque ou d'un investisseur par exemple.

Attention : il faut distinguer l'expert-comptable du comptable qui, lui, est salarié de l'entreprise. À l'inverse de l'expert-comptable, il n'engage pas sa responsabilité.

Sachez qu'en plus de l'expert-comptable, **les « grosses » sociétés doivent faire certifier leurs comptes par un commissaire aux comptes (CAC).** En règle générale sont concernées les entreprises qui dépassent deux des trois seuils suivants :

- 1 550 000 € de bilan ;
- 3 100 000 € de chiffre d'affaires HT ;
- 50 salariés.

Pour certains statuts, le recours à un commissaire aux comptes est obligatoire dès la création de l'entreprise (société anonyme, société en commandite par actions...).

Le CAC, comme l'expert-comptable, exerce en libéral. Très souvent, l'expert-comptable est aussi commissaire aux comptes, et inversement. Mais pour une même entreprise, il ne peut agir que sous l'un ou l'autre titre.

31
Qu'est-ce qu'un centre de gestion agréé (CGA) ou une association de gestion agréée (AGA) ?

Les CGA et les AGA (que l'on regroupe aussi sous le terme d'OGA, organisation de gestion agréée) sont des associations qui ont pour rôle d'assister les entreprises individuelles dans leur gestion et leur comptabilité. Ils s'adressent principalement aux entreprises soumises à l'impôt sur le revenu qui déclarent au réel en BNC (pour les AGA) ou en BIC (pour les CGA). Les entreprises soumises à l'IS n'ont aucun avantage (fiscal) à adhérer. Pour les entreprises au régime micro, cette adhésion peut être utile pour bénéficier de l'avantage fiscal que les AGA ou les CGA procurent si elles changent de régime dans l'année.

L'adhésion à ces centres est facultative. Mais, moyennant une cotisation annuelle, elle permet de bénéficier d'un accompagnement, de conseils et de formations (par exemple sur les nouveautés fiscales). Elle assure également un rôle de prévention fiscale en contrôlant la cohérence et la vraisemblance des déclarations, ce qui permet à l'adhérent de corriger ses erreurs et de connaître les questions qui pourraient lui être posées lors d'un contrôle fiscal. Et surtout, l'adhésion offre un avantage fiscal non négligeable : l'entreprise adhérente ne subit pas une majoration de 25 % de son bénéfice imposable lors du calcul de l'impôt sur le revenu. A contrario, l'entreprise non adhérente est imposée sur 125 % de son bénéfice imposable.

EXEMPLE

Une entreprise déclare 50 000 € de bénéfice sur l'année.

- Si elle est adhérente à une CGA ou une AGA : elle remplit la case « avec AA ou viseur » de sa déclaration de revenus. Son impôt est alors de 9 361 €.
  La case « avec AA ou viseur » diffère selon les statuts : 5HG en BNC micro, 5QC en BNC régime de la déclaration contrôlée, 5KO en BIC micro-vente de marchandises, 5KP en BIC micro-prestations de services ou 5KC en BIC réel.
- Si elle n'est pas adhérente à une CGA ou une AGA : elle remplit la case « sans viseur » de sa déclaration de revenus. Son impôt est alors de 13 111 € (puisqu'elle est imposée non pas sur 50 000 €, mais sur 125 % de cette somme, soit 62 500 €).

En échange de ces avantages et, outre sa cotisation annuelle, l'adhérent s'engage à :

- respecter le règlement intérieur du centre auquel il adhère ;
- transmettre à son centre tous les documents comptables (bilan, compte de résultat...) et fiscaux nécessaires. Si vous êtes en BIC, cette déclaration de résultats doit être visée par un expert-comptable ;
- autoriser son centre à transmettre ses documents comptables à l'administration fiscale ;
- accepter les règlements par chèques libellés à son nom ;
- informer ses clients d'une appartenance à un CGA ou à une AGA.

LE CONSEIL DE L'EXPERT-COMPTABLE

Parlez de ce point avec votre expert-comptable : il pourra vous orienter vers un OGA. Notez également que, depuis 2010, votre expert-comptable peut vous accorder lui-même le visa fiscal vous permettant d'éviter une majoration de 25 % de votre base d'imposition. Pour cela, il doit remplir un certain nombre de conditions, notamment avoir signé une convention avec l'administration fiscale.

32

Faut-il obligatoirement ouvrir un compte dédié à l'entreprise ?

Tout dépend de votre statut.

- **Les sociétés** sont dans l'obligation d'ouvrir un compte courant professionnel dédié à l'entreprise au moment de leur création, afin notamment d'y déposer leur capital social.
- **Les commerçants** sont également obligés d'avoir un compte bancaire dédié.
- **Les entreprises individuelles** ayant une activité autre que commerciale ne sont pas obligées d'ouvrir un compte bancaire professionnel. Mais il est toutefois vivement conseillé d'avoir un compte de particulier séparé et dédié à l'entreprise.
- Depuis le début de l'année 2015, **les auto-entrepreneurs** sont désormais tenus d'avoir un compte bancaire exclusivement dédié à l'exercice de leur activité professionnelle.

LE CONSEIL DE L'EXPERT-COMPTABLE

Dans tous les cas, il est vivement conseillé d'ouvrir un compte bancaire distinct de votre compte personnel pour votre entreprise. Cela permet de faciliter les rapprochements bancaires. De plus, si vous êtes contrôlé par l'administration fiscale, vous ne pourrez dévoiler que vos dépenses professionnelles et ne serez pas tenu de détailler également vos dépenses personnelles.

L'astuce pour éviter de dépenser trop (car un compte professionnel est souvent plus cher qu'un compte particuliers) est d'ouvrir un deuxième compte particuliers, et de vous en servir pour votre entreprise. C'est tout à fait légal si vous êtes en entreprise/affaire personnelle.

LE STATUT DU CHEF D'ENTREPRISE ET SA RÉMUNÉRATION

En tant que chef d'entreprise, quel statut aurez-vous et comment allez-vous vous rémunérer : c'est une question essentielle pour la bonne marche de votre société.

33
Comment se payer ?

Tout dépend du statut juridique de votre entreprise.

- **Si vous êtes en SARL ou profession libérale,** vous relevez du régime des travailleurs non salariés (TNS). Vous pouvez effectuer des prélèvements pour votre rémunération sur le compte de l'entreprise. Ils correspondent à la rémunération de votre gérance.

LE CONSEIL DE L'EXPERT-COMPTABLE

Ces prélèvements peuvent être faits comme bon vous semble, d'un montant fixe ou non, de manière régulière ou non. Mais, pour une meilleure gestion de la société, et si la santé de l'entreprise le permet, il est conseillé de mettre en place des virements fixes et réguliers (mensuels par exemple).
Se payer une seule fois en fin d'année peut aussi présenter un intérêt non négligeable, car vous vous payez ainsi en fonction de ce qu'il reste en banque. Mais il faut pouvoir l'assumer dans sa gestion personnelle quotidienne !

- **Si vous êtes en SAS,** vous êtes président-salarié et êtes donc rémunéré sous forme de salaire mensuel. Ce système offre donc moins de souplesse.

LE CONSEIL DE L'EXPERT-COMPTABLE

L'idéal pour concilier la survie de l'entreprise et votre confort matériel est de vous fixer un salaire plutôt bas par rapport à la santé financière de l'entreprise. Puis de vous verser des primes chaque semestre ou chaque mois.

34
Se verser des dividendes est-il avantageux fiscalement ?

Jusqu'à fin 2013, le paiement par dividendes était très avantageux dans les SARL et dans les SAS. Cela permettait de bénéficier du régime du prélèvement libératoire forfaitaire, très avantageux fiscalement, notamment pour les revenus élevés. Mais ce système a été modifié.

- Les gérants de SARL sont désormais soumis à des **charges sociales sur dividendes** (RSI). Ce régime est donc nettement moins avantageux qu'auparavant.
- Pour les SAS, le système a également été modifié, mais il reste toutefois **plus avantageux**. On a donc assisté à une vague importante de transformation de SARL en SAS.

LE CONSEIL DE L'EXPERT-COMPTABLE

Du fait de toutes ces mesures, le mode de rémunération le plus avantageux reste la rémunération de gérance en SARL pour les revenus élevés (voir p. 72). Mais attention, cela pourrait évoluer avec les lois de finances futures.

35
Je souhaite laisser en réserve dans l'entreprise l'argent engrangé. Comment faire ?

Le cas de figure est assez courant : un chef d'entreprise dispose de revenus autres que ceux générés par son entreprise (par exemple, des revenus fonciers). Son taux d'imposition est déjà élevé et il ne veut pas augmenter ce taux davantage. La solution est de mettre en réserve l'argent engrangé par l'entreprise. Dans ce cas, il faut créer une société soumise à l'impôt sur les sociétés (IS). Ce régime permet de mettre en réserve (c'est-à-dire de ne pas distribuer le résultat net de votre société). Pour cela, il faut que vos revenus extérieurs à votre entreprise permettent d'assurer votre train de vie personnel (en effet, vous ne toucherez pas l'argent sur votre compte personnel, si vous le mettez en réserve dans votre société).

Pour rappel, sur l'imprimé 2058A (détermination du résultat fiscal, voir p. 180), vous calculez l'impôt sur les sociétés que votre entreprise doit à l'administration fiscale. Une fois cet impôt acquitté, vous avez deux options :

- vous distribuer via des dividendes le résultat net restant (mais ce système n'est pas forcément avantageux, voir page précédente) ;
- laisser en réserve ce résultat net restant dans la société. Ainsi, la trésorerie augmentera au fil des années, sans que cela apparaisse sur votre déclaration de revenus (mais, bien sûr, vous n'aurez pas touché les fonds). Vous n'avez pas cette possibilité pour les sociétés soumises à l'impôt sur le revenu.

L'ASTUCE DE L'EXPERT-COMPTABLE

Si vous exercez en profession libérale et si vous souhaitez vous servir de cette possibilité de mise en réserve, vous pouvez créer une SELARL (société d'exercice libéral à responsabilité limitée), imposable à l'IS. Attention : ce choix est irrévocable. Voir aussi p. 23.

36
À quel régime dois-je cotiser pour la Sécurité sociale ?

Tout dépend de votre statut personnel.

- Si vous êtes **gérant (SARL, SA...) ou profession libérale**, vous relevez du régime des travailleurs non salariés. Vous cotisez donc au RSI (régime social des indépendants).

- **Si vous êtes président d'une SAS,** vous êtes considéré comme salarié, car vous êtes rémunéré sous forme de salaire mensuel. Vous cotisez donc auprès de l'Urssaf.

- **Si vous êtes auto-entrepreneur,** vous cotisez également à l'Urssaf, qui agit pour le compte du RSI.

37
Qu'est-ce que la DSI (déclaration sociale des indépendants) ?

La déclaration sociale des indépendants (DSI) permet de déterminer les revenus servant de base au calcul des cotisations assurance maladie, maternité et vieillesse des travailleurs indépendants. Elle est réalisée en mai-juin. Vous êtes concerné si vous êtes travailleur non salarié, et donc si vous cotisez au RSI.

LA COMPTABILITÉ JOUR APRÈS JOUR : LE PILOTAGE DE L'ENTREPRISE

La comptabilité est ce qui va vous permettre de piloter votre entreprise au mieux, à court, à moyen et à long terme. Il est important de savoir comment tout cela fonctionne, même si vous vous en remettez à un expert-comptable.

793

LES NOTIONS DE BASE

Avant d'entrer dans la partie pratique proprement dite, il est important de connaître certaines notions incontournables qui sont à la base de la comptabilité.

38
Qu'est-ce qu'une écriture comptable ?

Chaque opération effectuée par une entreprise doit être inscrite dans la comptabilité, qu'il s'agisse d'un achat ou d'une vente, du paiement d'un impôt, de l'encaissement d'un chèque, d'un remboursement de crédit, du versement d'un salaire… On parle « d'écriture comptable » (même si, aujourd'hui, la comptabilité s'est largement informatisée !). C'est donc l'opération à la base de toute comptabilité.

Chaque écriture doit respecter un certain nombre de règles :

- **Le principe de la partie double.** En clair, une écriture doit toujours être inscrite deux fois (on dit aussi « passée ») : une fois au débit, une fois au crédit. Voir aussi p. 89.
- **La justification.** Toute écriture doit pouvoir être justifiée. Dans la plupart des cas, elle est attestée par une facture, un relevé de compte bancaire…
- **La date.** Chaque écriture est datée.
- **L'intangibilité.** Une fois validée, une écriture ne peut pas être changée. En cas d'erreur, il faut passer une ou plusieurs autres écritures pour la rectifier.

39
Qu'est-ce qu'un journal comptable ?

RETROUVEZ UN EXEMPLE DE LIVRE-JOURNAL !
http://www.alisio.fr/comptabilite

On l'a vu un peu plus haut : chaque opération de l'entreprise donne lieu à une écriture comptable. Ces écritures comptables sont enregistrées dans ce que l'on appelle un « livre-journal ». Il peut s'agir d'un vrai livre physique ou bien, dans le cas d'une comptabilité informatisée, d'un fichier informatique.

Le livre-journal recense toutes les opérations réalisées par l'entreprise, dans l'ordre chronologique. En règle générale, pour des questions d'ordre pratique, une entreprise tient plusieurs journaux comptables en même temps afin de ne pas tout mélanger : ce sont les journaux auxiliaires. Chacun enregistrant un type d'opérations bien précis. Les journaux les plus fréquemment utilisés par une entreprise sont les suivants :

- **le journal des achats et des frais** : il contient toutes les écritures d'achat de marchandises, ainsi que les différents frais de l'entreprise (loyer, entretien, téléphone…) ;
- **le journal des ventes** : il comptabilise toutes les factures des ventes établies par l'entreprise ;
- **les journaux de trésorerie (journal de banque, journal de caisse)** : ils recensent toutes les opérations liées à la/les banque(s) ou à la/les caisse(s) de l'entreprise ;
- **le journal de paye** : il comptabilise toutes les opérations liées à la paye (cotisations, Urssaf, sommes dues aux salariés) ;
- **le journal des opérations diverses** : comme son nom l'indique, il comptabilise toutes les opérations qui ne peuvent pas être inscrites dans les autres journaux (déclarations de TVA, amortissements et immobilisations, variations de stocks…).

Tous ces journaux peuvent à leur tour être subdivisés.

Ils présentent les informations suivantes :
- date ;
- numéro de compte utilisé pour l'écriture (voir aussi p. 85) ;
- intitulé du compte ;
- libellé de l'opération ;
- numéro de la pièce justificative ;
- montant imputé à chaque compte (Débit, Crédit).

D'autres informations peuvent être ajoutées, par exemple le mode d'encaissement, la date d'échéance...

EXEMPLE

Voici un exemple d'écriture saisie dans un journal des achats. L'entreprise Durand vient d'acheter à l'entreprise Legrand pour 200 € HT de fournitures administratives.

Date	Numéro de compte	Libellé du compte	Libellé de l'opération	Débit	Crédit
01/06/2015	606400	Achat de fournitures administratives	Achat d'enveloppes, de stylos et de ramettes de papier	200	
01/06/2015	445660	TVA déductible	Achat d'enveloppes, de stylos et de ramettes de papier	40	
01/06/2015	401029	FLEGRAND (fournisseur Legrand)	Achat d'enveloppes, de stylos et de ramettes de papier		240
		TOTAL		240	240

DU JOURNAL AU LIVRE-JOURNAL, AU GRAND LIVRE, À LA BALANCE ET À LA LIASSE FISCALE

En fin de mois, les résultats de ces différents journaux sont centralisés dans le livre-journal. Le livre-journal (qui compile les différents journaux) est la première pierre de l'édifice de la comptabilité. Il sert de base à l'établissement du grand livre (voir p. 170), puis de la balance (voir p. 172) et enfin de la liasse fiscale (voir p. 179), qui regroupe bilan, compte de résultat et annexe.

40
Qu'est-ce qu'un compte ?

Chaque opération effectuée par une entreprise correspond à ce que l'on appelle un compte. Pour s'y retrouver facilement, chaque compte est numéroté. En France, cette numérotation est fixée par la loi (plus exactement par le plan comptable général ou PCG), ce qui permet à n'importe qui (comptable, inspecteur fiscal...) de s'y retrouver très facilement.

Pour reprendre l'exemple précédent :

- L'achat de fournitures administratives correspond au compte 606400.
- La TVA déductible correspond au compte 4456600.
- Le fournisseur Legrand de l'entreprise Durand a lui aussi son propre compte (dans la famille des comptes Fournisseurs 401, l'entreprise Durand lui a attribué le numéro 029 : c'est donc le compte 401029).
- Et ainsi de suite !

Vous l'aurez compris : il existe donc des centaines de numéros de comptes différents, car il existe des centaines d'opérations possibles pour une entreprise. Tous ces comptes sont repris dans le plan comptable général (voir p. 104).

RETROUVEZ LE PLAN COMPTABLE GÉNÉRAL !

http://www.alisio.fr/comptabilite

41
Que sont le débit et le crédit ?

Les notions de débit et de crédit sont à la base de la comptabilité. Toutes les opérations effectuées par l'entreprise vont venir au débit ou au crédit d'un compte. Pour chaque compte, on a donc des débits et des crédits. L'ensemble de ces opérations est compilé dans ce que l'on appelle un « compte en T ».

Compte 512 Banque

Débit	Crédit

On fait ensuite le total de la colonne Débit et le total de la colonne Crédit. Si le débit est supérieur au crédit, le compte est débiteur. Si le crédit est supérieur au débit, le compte est créditeur.

À retenir : les comptes en T sont ensuite regroupés dans deux documents de synthèse, le compte de résultat et le compte de bilan (voir p. 194).

EXEMPLE

Une entreprise reçoit un virement de 2 000 € sur son compte bancaire. Elle règle l'un de ses fournisseurs par virement pour 500 €. Voici les écritures à comptabiliser pour le compte 512 (qui est le compte Banque).

Débit	Crédit
2 000	500
2 000	500

Solde débiteur : 1 500

42
Pourquoi les comptes de banque fonctionnent-ils « à l'inverse » de votre relevé bancaire ?

Avez-vous remarqué que la convention de signes comptable (débiteur/créditeur) est opposée au sens bancaire (débiteur/créditeur) ? Pour reprendre l'exemple précédent, le virement de 2 000 € reçu par l'entreprise de la part d'un client est inscrit au débit du compte banque, et le virement de 500 € payé à l'un des fournisseurs est inscrit au crédit. Alors que sur votre relevé bancaire, c'est l'inverse : quand vous recevez un virement, il est inscrit à votre crédit et quand vous émettez un virement, il est inscrit au débit.

Une explication toute simple permet de comprendre ce principe. En effet, pour poursuivre sur l'exemple du compte 512 (Banque) : ce relevé de compte n'est pas un extrait de la comptabilité de votre entreprise vis-à-vis de la banque, mais elle reflète à l'inverse la situation de la banque vis-à-vis de votre entreprise. En clair, quand vous recevez un virement de 2 000 € sur votre compte bancaire, votre banquier est débiteur de 2 000 € vis-à-vis de vous : c'est précisément ce qu'indique ce compte 512. Voilà pourquoi votre relevé bancaire et votre extrait de compte 512 ont le même solde, mais l'un débiteur et l'autre créditeur. De nombreuses confusions sont faites : c'est donc un point central à toujours avoir en tête.

De la même façon, la facture que vous devez payer à un fournisseur est comptabilisée au crédit du compte fournisseur (sous-entendu à son crédit, pas au vôtre). Par la suite, le paiement par chèque que vous effectuez (qui est logiquement du même montant) est comptabilisé au débit du compte fournisseur. Le débit étant égal au crédit, le compte du fournisseur est dit soldé, car à zéro. Dans le même temps, n'oubliez pas de créditer le compte banque du même montant (la banque est créditrice de ce montant vis-à-vis de vous, et donc vous êtes débiteur vis-à-vis d'elle). Vous n'avez pas encore bien saisi l'enchaînement précis de ces écritures ? Pas de panique, vous allez comprendre au fur et à mesure, notamment en suivant les exemples donnés dans la suite de cet ouvrage.

43
La comptabilité en partie double, qu'est-ce que c'est ?

La partie double est l'un des principes fondateurs de la comptabilité : toute opération est enregistrée deux fois, une fois au crédit d'un compte et une deuxième fois au débit d'un autre compte. On l'indique pour indiquer la « ressource » utilisée et pour indiquer la façon dont cette ressource a été utilisée (on parle d'« emploi »). La règle à retenir est la suivante : **toute écriture passée dans un sens dans un compte doit s'accompagner d'une ou de plusieurs écritures en sens inverse, d'un même montant total.** L'opération est la même, mais elle est vue sous deux angles différents.

EXEMPLE
Pour mieux comprendre, imaginez qu'une entreprise achète pour 1 000 € de marchandises. Elle utilise son compte bancaire pour faire cet achat (c'est la ressource). Cette ressource est utilisée pour acheter des marchandises (c'est l'emploi).

(Exemple volontairement sans TVA pour plus de simplicité.)

Date	Compte	Libellé du compte	Débit	Crédit
06/09/2015	607	Achats de marchandises	1 000	
06/09/2015	512	Banque		1 000

Il n'est pas toujours facile de comprendre cette différence quand on débute en comptabilité. Retenez l'explication suivante.

- **La somme est à imputer au débit quand le compte intervient en tant qu'emploi** ou quand il est le destinataire. Ici, c'est le compte marchandises qui est le destinataire des 1 000 €.
- **La somme est à imputer au crédit quand le compte intervient en tant que ressource.** Ici, c'est la banque qui est la ressource des 1 000 €.

La comptabilité en partie double implique que tous les comptes d'une entreprise sont équilibrés : le total de la colonne débit doit toujours être égal au total de la colonne crédit.

Il existe **un autre moyen mnémotechnique afin de savoir si vous devez débiter ou créditer un compte.** Les comptes du plan comptable s'étalent de la classe 1 à la classe 7. Le chemin le plus simple est de se pencher en premier sur les comptes de classe 6 et de classe 7 (Charges et produits).

- Les charges (comptes de classe 6) regroupent les dépenses faites par l'entreprise ou les sommes dues aux fournisseurs. Elles se traduisent donc par une sortie de cash immédiate ou différée dans le temps. Les comptes de classe 6 sont, sauf rares exceptions, systématiquement débités par un compte de classe 4 (généralement Fournisseurs, compte 401).
- Les produits (comptes de classe 7) sont systématiquement, sauf rares exceptions, crédités, bien souvent par le compte 411 Clients.
- Lorsque nous payons les fournisseurs et que les clients nous payent, les comptes 401 et 411 sont soldés par la banque 512. Lorsqu'on paye un fournisseur, on crédite donc la banque (nous vous rappelons que c'est dans le sens inverse de la banque) par le crédit du compte 401, qui se retrouve alors à zéro.
- Le compte Fournisseur est un compte de passif, car c'est une dette que l'on a vis-à-vis du fournisseur. Ce qu'il faut retenir, c'est que, lorsqu'on débite un compte de passif, on diminue le passif (lors du paiement d'un fournisseur par exemple). Lorsqu'on crédite un compte de passif, on l'augmente (lorsqu'on passe la charge). À l'inverse, pour les comptes d'actifs, par exemple le compte clients (qui est un compte d'actif, car c'est une créance que l'on a sur un client), lorsqu'on débite le compte 411, on augmente l'actif (ce qui est la contrepartie du produit de classe 7).

LES PRINCIPALES ÉCRITURES COMPTABLES

Maintenant que vous avez compris les principes de base de la comptabilité, vous allez pouvoir passer à la pratique et découvrir comment réaliser les principales opérations (achat, vente...), aussi appelées écritures.

44
Comment faire passer une écriture d'achat ?

Commençons par une opération très courante : l'achat de marchandises auprès d'un fournisseur.

EXEMPLE

Prenons le cas d'une société grossiste en vêtements.

- En date du 3 mars 2015, elle achète 1 000 robes à 10 € HT chacune.
- Le total HT est de 1 000 x 10 = 10 000 €.
- La TVA (20 %) est de 2 000 €.
- Le prix total de la facture est de 12 000 €.
- Le paiement peut s'effectuer par chèque, dans 1 mois.

Voici l'écriture comptable à faire passer pour enregistrer cette facture d'achat. À noter : le paiement de cette facture se fait dans un second temps : en comptabilité, c'est une autre opération (voir question suivante).

Date	Numéro de compte	Libellé du compte	Débit	Crédit
3/03/2015	607000	Achat de marchandises	10 000	
3/03/2015	445660	TVA déductible biens et services	2 000	
3/03/2015	401000	Fournisseurs		12 000

Explications : le compte achat de marchandises est débité du montant HT de la facture. Le compte TVA est débité du montant de la TVA, qui pourra être récupérée par la suite. Enfin, le compte fournisseurs est crédité de 12 000 €, somme que l'entreprise lui doit.

EXERCICE n° 1

L'entreprise Saint-Germain vend des objets de décoration, qu'elle achète tout faits ou fabrique elle-même. Le 30/11/2015, elle achète 10 tabourets à 20 € HT chacun. Elle achète également pour 1 000 € TTC de matières premières et fournitures pour la fabrication de petits objets. Quelles sont les écritures comptables à faire passer pour enregistrer ces factures d'achat ?

Voir le corrigé de l'exercice p. 233.

45
Comment faire passer une écriture de paiement du fournisseur ?

EXEMPLE

Poursuivons sur l'exemple précédent : le grossiste a acheté pour 10 000 € HT de robes à son fournisseur. Il disposait de 1 mois pour le régler par chèque. Voici l'écriture comptable à faire passer pour enregistrer son paiement.

Date	Numéro de compte	Libellé du compte	Débit	Crédit
31/03/2015	401000	Fournisseurs	12 000	
31/03/2015	512000	Banque		12 000

Explications : en payant le fournisseur, on débite son compte de la même somme : ce compte est « soldé ». Dans le même temps, la banque est créditée de cette même somme, ce qui génère un découvert de 12 000 € (dans l'hypothèse où il s'agissait de la première opération de votre entreprise).

46
Comment faire passer une écriture de vente ?

EXEMPLE

Poursuivons une nouvelle fois sur l'exemple du grossiste en robes. Son activité consiste à revendre ces robes à des boutiques.

- En date du 5 mars 2015, il vend 100 robes à 22 € HT chacune à l'un de ses clients.
- Le total HT est de 100 x 22 = 2 200 €.
- La TVA (20 %) est de 440 €.
- Le prix total de la facture est de 2 640 €.
- Le paiement peut s'effectuer par chèque, dans 1 mois.

Voici l'écriture comptable à faire passer dans ce cas. Comme lors d'un achat, l'enregistrement du chèque de règlement du client se fait dans un second temps.

Date	Numéro de compte	Libellé du compte	Débit	Crédit
06/03/2015	411000	Clients	2 640	
06/03/2015	707000	Vente de marchandises		2 200
06/03/2015	445710	TVA collectée		440

Explications : le compte clients est débité de la somme TTC, car c'est ce qu'il doit à l'entreprise. L'entreprise a donc une créance sur ce client : c'est donc un actif pour l'entreprise. Le compte de vente de marchandises, lui, est crédité de la somme HT. Et le compte TVA se trouve crédité de la TVA, qui sera ensuite reversée à l'administration fiscale.

47
Comment faire passer une écriture de règlement du client ?

EXEMPLE
En fin de mois, le grossiste reçoit le règlement par chèque de son client. Voici l'écriture comptable à faire passer.

Date	Numéro de compte	Libellé du compte	Débit	Crédit
31/03/2015	512000	Banque	2 640	
31/03/2015	411000	Clients		2 640

Explications : le paiement de la facture est affecté au crédit du compte clients. Il ne doit donc plus rien à l'entreprise, son compte est soldé. Dans le même temps, la banque est débitée de cette même somme. Comme elle était créditrice de 12 000 €, le nouveau solde créditeur est de 12 000 - 2 640 = 9 360 €.

512 Banque

Débit	Crédit
2 640	12 000
	Solde : 9 360

48
Comment enregistrer un acompte payé à un fournisseur ?

Lors d'une commande, certains fournisseurs peuvent vous réclamer le paiement d'un acompte (cela leur permet notamment de mieux gérer leur paiement de TVA, voir p. 160). Pour cela, on utilise un compte spécifique du compte Fournisseurs : le compte 4091 Fournisseurs, avances et acomptes versés. Voici, au moyen d'un exemple comment enregistrer l'acompte, puis comment enregistrer la facture qui correspond à cette commande.

EXEMPLE
Imaginons que, lors de sa commande du 3 mars 2015 (achat de 1 000 robes à 10 € HT chacune), le fournisseur ait demandé un acompte de 30 % du montant HT, soit 3 000 €.

Date	Numéro de compte	Libellé du compte	Débit	Crédit
3/03/2015	409100	Fournisseurs, avances et acomptes versés	3 000	
3/03/2015	512000	Clients		3 000

À noter : le compte fournisseurs est classiquement créditeur. Mais, dans le cas précis, il est débiteur. C'est d'ailleurs le sens du chiffre 9 placé en troisième position du numéro de compte (voir p. 106).

Il faut maintenant enregistrer la facture du fournisseur. Celle-ci comporte le montant de l'acompte, qui vient en déduction de la somme nette à payer. On enregistre donc un achat de marchandises classiques (avec la TVA), un acompte et un règlement du solde à payer (soit 12 000 € TTC - 3 000 €).

Date	Numéro de compte	Libellé du compte	Débit	Crédit
3/03/2015	607000	Achat de marchandises	10 000	
3/03/2015	445660	TVA déductible	2 000	
3/03/2015	409100	Fournisseurs, avances et acomptes versés		3 000
3/03/2015	445660	Fournisseurs		9 000

49
Comment enregistrer un acompte facturé à un client ?

De la même manière, vous pouvez demander à vos clients le paiement d'un acompte lors d'une commande. Pour cela, on utilise le compte 4191 Clients/Avances et acomptes reçus sur commande. Voici, au moyen d'un exemple, comment enregistrer l'acompte dans la comptabilité, puis comment enregistrer la facture qui correspond à cette commande.

EXEMPLE

Pierre a monté une société qui vend des écrans d'ordinateur. Comme Pierre a lu le livre *La comptabilité et la gestion de votre entreprise en 100 questions-réponses*, il sait que, pour pérenniser la bonne marche de son entreprise, il doit facturer des acomptes avant la livraison à ses clients. Les clients commandent sur son site Internet et paient par carte bancaire. Pierre prélève un acompte de 30 % à la commande et la livraison intervient sous 30 jours au maximum.

Le 15/09/2015, il réalise une grosse commande pour une entreprise pour 10 000 € HT, et encaisse donc la somme de 3 600 € TTC (10 000 x 30 % + 600 € de TVA). La livraison se fait le 4/10/2015, le reste de la facture est donc prélevé le 5/10/2015. Voici les écritures d'acompte à comptabiliser.

Date	Numéro de compte	Libellé du compte	Débit	Crédit
15/09/2015	512000	Banque	3 600	
15/09/2015	419100	Clients – Avance et acomptes reçus sur commande		3 600
04/10/2015	411000	Client Y	8 400	
04/10/2015	419100	Clients – Avance et acomptes reçus sur commande	3 600	
04/10/2015	445710	TVA collectée exigible à l'encaissement		2 000
04/10/2015	707000	Vente de marchandises		10 000
05/10/2015	512000	Banque	8 400	
05/10/2015	411000	Client Y		8 400

50
Comment enregistrer les écritures de paye d'un salarié ?

Prenons l'exemple d'une entreprise qui dispose de deux salariés hautement qualifiés, payés 2 500 € par mois net chacun. Voici les écritures à passer.

N° de compte	Libellé	Débit	Crédit
641100	Rémunération du personnel*	6 247	
421001	Rémunération nette à payer du salarié A		2 500
421002	Rémunération nette à payer du salarié B		2 500
431000	URSSAF*		998
437200	Retraite des salariés		249

*Vos salariés perçoivent bien 2 500 € net chacun en fin de mois. La charge dans vos comptes d'URSSAF de 998 € correspond aux cotisations salariales que votre entreprise paie en réalité pour le compte des salariés. Celle-ci s'élève généralement autour de 20 %.

Il reste maintenant à comptabiliser la part patronale des charges : c'est l'écriture ci-dessous.

N° de compte	Libellé	Débit	Crédit
645100	URSSAF	1 873	
645300	Retraite (part patronale)	373	
645500	Prévoyance*	95	
431000	URSSAF		1 873
437200	Retraite		373
437400	Prévoyance*		95

*Depuis 2015, la prévoyance est obligatoire. Vous devez payer des cotisations prévoyance pour le compte de vos salariés. Ceci les assure, eux et leurs proches, en cas d'invalidité/décès.

BIEN LIRE LE PLAN COMPTABLE GÉNÉRAL (PCG)

On l'a vu un peu plus haut : chaque compte est numéroté. En France, cette numérotation est fixée par la loi, ce qui permet à n'importe qui (comptable, inspecteur fiscal…) de s'y retrouver très facilement. C'est ce que l'on appelle le plan comptable général ou PCG.

51
Qu'est-ce que le plan comptable général ?

On compte sept grandes catégories de comptes : on parle de « classes » : les comptes de classe 1, les comptes de classe 2... **L'ensemble de ces comptes forme ce qu'on appelle le plan comptable général.**

Chaque classe correspond à un type de compte :
- Les comptes de classe 1 sont les comptes de capitaux.
- Les comptes de classe 2 sont les comptes d'immobilisations.
- Les comptes de classe 3 sont les comptes de stocks.
- Les comptes de classe 4 sont les comptes de tiers.
- Les comptes de classe 5 sont les comptes financiers.
- Les comptes de classe 6 sont les comptes de charges.
- Les comptes de classe 7 sont les comptes de produits.

À RETENIR !

Les comptes de classes 1 à 5 sont les comptes de bilan.
Les comptes de classes 6 et 7 sont les comptes de résultat.

52
Comment s'y retrouver dans les différents numéros de comptes ?

Chaque classe de comptes est subdivisée en plusieurs rubriques, elles-mêmes subdivisées en sous-rubriques, puis en sous-sous-rubriques, et ainsi de suite, ce qui permet d'affiner chaque compte dans le détail. Le compte le plus détaillé comporte six chiffres. Mais, dans la plupart des cas, on s'arrête à trois chiffres, que l'on complète avec trois zéros.

EXEMPLE

Le compte 60 regroupe tous les achats. On y trouve les sous-rubriques suivantes :

601 Achats stockés – Matières premières et fournitures
602 Achats stockés – Autres approvisionnements
604 Achats d'études et prestations de services
605 Achats de matériel, équipements et travaux
605 Achats non stockés de matière et fournitures
607 Achats de marchandises
609 Rabais, remises et ristournes obtenus sur achats

Chacune de ces sous-rubriques est à son tour subdivisée. Dans le compte 602, on trouve par exemple :

62021 Matières consommables
- 60211 Matières C
- 60212 Matières D

6022 Fournitures consommables
- 60221 Combustibles
- 60222 Produits d'entretien
- 60223 Fournitures d'atelier et d'usine

60224 Fournitures de magasin
60225 Fournitures de bureau
6026 Emballages
60261 Emballages perdus
60265 Emballages récupérables non identifiables
60267 Emballages à usage mixte
...

Dans les questions qui suivent, nous allons entrer dans le détail de chaque classe de comptes. Il est bien sûr impossible de mémoriser l'ensemble des numéros de compte. Nous vous proposons donc uniquement un petit zoom sur les comptes principaux, qui sont les plus utilisés par les entreprises.

LE CHIFFRE 9 EN TROISIÈME POSITION DU NUMÉRO DE COMPTE

Si vous constatez, sur un numéro de compte quelconque, que le troisième chiffre est un 9, cela vous donne une information précieuse. Le chiffre 9 inséré à cette place (et uniquement à cette place) indique en effet que le mouvement comptable est inversé par rapport au reste des comptes de la famille.

Exemples :

» Le compte 4091 Fournisseurs – Avances et acomptes versés sur commande : c'est un acompte venant en déduction de la somme due au fournisseur. Les comptes fournisseurs sont tous créditeurs, sauf ce compte qui est débiteur.
» Le compte 4191 Clients – Avances et acomptes reçus : c'est un acompte venant en déduction de la somme due par le client. Les comptes clients sont tous débiteurs, sauf ce compte qui est créditeur.
» Le compte 609 Rabais, remises et ristournes : c'est l'inverse d'un compte de charges (comptes de classe 6).

53
Qu'est-ce que le plan comptable de l'entreprise ?

Il va sans dire que toutes les entreprises n'ont pas besoin de l'ensemble de ces comptes. À l'inverse, une entreprise peut, en fonction de ses besoins et de son activité, adapter la numérotation des comptes. La seule condition est bien sûr de respecter les normes du plan comptable général : tout plan comptable d'entreprise doit être basé sur la racine des comptes du plan comptable général.

EXEMPLE
Une entreprise qui a plusieurs fournisseurs peut créer plusieurs comptes fournisseurs. Comme nous l'avons vu p. 84, l'entreprise Durand a accordé le numéro 029 à son fournisseur Legrand. Dans la famille des comptes fournisseurs (comptes 401), le fournisseur Legrand a donc son propre compte : 401029.

54
Quels sont les principaux comptes de classe 1 à connaître ?

Les comptes de classe 1 regroupent les comptes de capitaux, c'est-à-dire les capitaux propres de l'entreprise, ainsi que les emprunts à moyen ou long terme effectués par l'entreprise. Ils donnent un aperçu du financement de l'entreprise.

Les capitaux propres sont un élément très important du bilan : les banques surveillent notamment cette information très attentivement. Ils représentent, pour simplifier, l'argent injecté dans l'entreprise + la somme des résultats non distribués en dividendes depuis la création de l'entreprise. Selon les banques, plus vos capitaux propres sont élevés, plus votre entreprise est solide.

10 Capital et réserves

101 Capital. C'est l'argent que vous investissez à la création de l'entreprise ou au cours de la vie de la société par augmentation de capital.

106 Réserves

108 Compte de l'exploitant. C'est le compte par lequel transite la rémunération du dirigeant, dans le cas des entreprises transparentes fiscalement (affaires personnelles, professions libérales...), c'est-à-dire des entreprises soumises à l'IR et non à l'IS (le patrimoine de l'entreprise et celui du dirigeant sont confondus). C'est un prélèvement fait en cours d'année, et régularisé en fin d'année lorsque le résultat est connu.

11 Report à nouveau

Voir p. 184.

12 Résultat

15 Provisions pour risques et charges

Voir p. 185.

16 Emprunts et dettes

164 Emprunt auprès des établissements de crédit. C'est la ligne la plus couramment employée dans cette sous-classe. En effet, lorsque vous percevez un emprunt de la part de votre banque, vous débitez le compte de trésorerie (compte de classe 5, voir p. 123) et vous créditez le compte 164. Lorsque la totalité de l'emprunt arrive sur votre compte, l'emprunt est au passif dans sa totalité. Au fur et à mesure que vous remboursez l'emprunt, ce compte diminue. Attention : ce qui diminue aussi, c'est la part en principal. Les intérêts, eux, sont comptabilisés en charges financières (compte 66).

EXEMPLE

La société Dupont, spécialisée dans la recherche et le développement, a négocié un prêt à des conditions très avantageuses auprès d'un organisme type BPI. L'emprunt démarre le 1/01/N. Le montant du prêt est de 250 000 €. La périodicité de remboursement est annuelle, le 30/12 de chaque année, par prélèvement automatique. Le taux d'intérêt est de 1 % et la durée du prêt est de 60 mois. Le différé d'emprunt est de 2 ans (cela signifie que la société ne paie que des intérêts les deux premières années). Voici les écritures à comptabiliser.

N° de compte	Libellé	Débit	Crédit
	01/01/N		
512000	Banque (souscription de l'emprunt)	250 000	
164000	Emprunt auprès des établissements de crédit		250 000
	30/12/N		
661100	Charges d'intérêt*	2 500	
512000	Banque		2 500
30/12/N+1			
661100	Charges d'intérêt*	2 500	
512000	Banque		2 500
	30/12/N+2		
661100	Charges d''intérêt*	2 124	
164000	Remboursement d'emprunt*	82 500	
512000	Banque (paiement de la première échange en capital de l'emprunt)		84 624
	Et ainsi de suite pour les années qui suivent€		

** Informations disponibles sur le tableau d'amortissement d'emprunt délivré par la banque.*

55
Quels sont les principaux comptes de classe 2 à connaître ?

Les comptes de classe 2 sont les comptes d'immobilisation. Ils regroupent toutes les immobilisations de l'entreprise, c'est-à-dire les biens destinés à être utilisés pendant plusieurs années (voir p. 147). Certaines de ces immobilisations sont amortissables et d'autres non : on verra la différence dans le détail un peu plus loin.

20 Immobilisations incorporelles
Ce sont les immobilisations qui ont une valeur économique, mais qui ne sont pas « palpables », à la différence d'un ordinateur par exemple. Les comptes les plus utilisés dans cette catégorie sont le Droit au bail (206) et le Fonds commercial (207), si vous achetez un magasin par exemple. Ces éléments ne sont pas amortissables.

21 Immobilisations corporelles
Dans ce sous-compte, on trouve toutes les immobilisations matérielles, notamment :

- 211 Terrains (attention : cette immobilisation n'est pas amortissable)
- 213 Constructions
- 215 Installations techniques
- 218 Autres immobilisations corporelles (avec le matériel de transport 2182, le matériel de bureau 2183 ou encore le mobilier 2184)

26 Participations et créances rattachées à des participations

261 Titres de participation. Si votre entreprise a investi au capital d'une autre société (filiale), il faut le mentionner dans ce compte.

À NOTER

Si la filiale perd de l'argent et si les résultats ne sont pas à la hauteur, il faudra se poser la question de déprécier ces titres de participation. On devra donc passer une charge de dotation aux provisions pour dépréciation (dans les comptes 68).

28 Amortissement des immobilisations. Les sous-comptes 28 regroupent la contrepartie comptable des comptes 68 (Dotations aux amortissements et aux provisions).

À RETENIR

Les sous-comptes 28 sont les seuls comptes d'actifs créditeurs (tous les comptes d'actifs sont en règle générale débiteurs). L'amortissement vient diminuer la valeur de l'actif, et il est présenté comme tel au bilan. Voir l'exemple donné dans le bilan de l'entreprise Superbijoux, p. 201. L'amortissement de son ordinateur est fixé à 166 €. Le compte 28 regroupe la somme des dotations aux amortissements comptabilisés depuis l'acquisition du bien en question.

56
Quels sont les principaux comptes de classe 3 à connaître ?

Les comptes de classe 3 sont les comptes de stocks et encours. Ils regroupent tous les stocks de l'entreprise, qu'il s'agisse des matières premières ou fournitures, des produits finis ou des marchandises. Par exemple, dans une entreprise qui fabrique des bijoux, on comptabilise à la fois la colle et les perles (matières premières), les bijoux en cours de production ou finis (produits), mais aussi les bijoux achetés tout faits qu'elle revend sans transformation (marchandises).

Dans cette classe, on trouve notamment les sous-comptes suivants :

31 Matières premières (et fournitures)
Au moins une fois par an, il est obligatoire de réaliser un inventaire (voir p. 187). Ces matières doivent être valorisées à leur coût d'achat et non au prix de vente.
Rappel : lorsque votre stock augmente entre vos deux inventaires, vous passez un produit dans les comptes (compte 713), qui est la contrepartie d'un compte de classe 3. À l'inverse, si vous consommez du stock, vous passez un compte de variation de stock (603). Voir aussi p. 189.

33 En-cours de production de biens

35 Stocks de produits

355 Stocks de produits finis. Si votre entreprise achète des matières et les transforme ou les assemble, il vous faudra calculer un prix de revient des produits finis, par produit, afin de valoriser votre inventaire. Il vous faudra donc évaluer votre stock selon la méthode des coûts complets.

En pratique : achat unitaire pour réaliser un produit + heures de main-d'œuvre/nombre de produits réalisés sur l'année.
Attention : il faut valoriser cela au prix d'achat et non au prix de vente.

37 Stocks de marchandises

Petit rappel : il est obligatoire de réaliser, au moins une fois par an, un inventaire des stocks [voir p. 187]. C'est la loi et il faut garder une trace de votre inventaire.

57
Quels sont les principaux comptes de classe 4 à connaître ?

Les comptes de classe 4 sont les comptes de tiers, c'est-à-dire ceux de tous les tiers en relation avec l'entreprise (les fournisseurs, les clients, le personnel, les organismes sociaux, l'administration fiscale, les associés...). Ce sont les comptes les plus mouvementés dans une entreprise. Ils regroupent l'actif et le passif circulants, les créances et les dettes de l'entreprise, les comptes clients et fournisseurs.

40 Fournisseurs et comptes rattachés

401 Fournisseurs. Ce compte est « auxiliarisé », car il reprend la somme de tous les montants dus à tous les fournisseurs. Lors de chaque réception de commande, vous devez comptabiliser un compte de classe 6 (Charges) par le crédit d'un compte fournisseur. La comptabilisation du paiement se fera dans un second temps. Quand vous réalisez une commande auprès d'un fournisseur, il arrive en effet fréquemment que vous obteniez un délai de paiement (par exemple, 30 jours après la livraison).

LE CONSEIL DE L'EXPERT-COMPTABLE

Dans les logiciels comptables les plus courants, le compte de fournisseur est un compte qui commence par F. Il faut donc créer un compte de fournisseur par tiers. Exemple : FDUPONT pour le fournisseur DUPONT. Les comptes fournisseurs sont dans leur écrasante majorité créditeurs. Il est bien rare qu'un fournisseur vous doive de l'argent. En général, c'est plutôt vous qui lui en devez ! Voilà pourquoi cette classe de comptes est créditrice.

408 Fournisseurs factures non parvenues (FNP). Ce n'est pas parce que vous n'avez pas reçu la facture de votre fournisseur ou qu'elle n'est pas datée de l'exercice en cours, qu'il ne faut pas la comptabiliser sur l'exercice. Le principe comptable de séparation des exercices impose en effet de rattacher la charge à l'exercice auquel elle se rapporte.

EXEMPLE

Votre fournisseur d'électricité facture en janvier N+1 les trois derniers mois de l'année N. Dans ce cas, il faut inscrire cette facture dans le compte 408 Fournisseurs facture non parvenue, car la prestation a été effectuée sur N, afin que la charge soit bien sur l'exercice N.

À NOTER

Le compte Fournisseurs factures non parvenues est systématiquement créditeur. La contrepartie de ce compte est un compte de classe 6. Par exemple, pour la facture d'électricité, c'est le compte 6061 Fournitures non stockables (eau, énergie).

41 Clients et comptes rattachés

411 Clients. Si les comptes fournisseurs sont tous créditeurs, les comptes clients doivent être débiteurs. Votre client vous doit de l'argent, il s'agit donc d'un compte d'actif. La contrepartie est un compte de classe 70 (compte de chiffres d'affaires).

LE CONSEIL DE L'EXPERT-COMPTABLE

Il faut suivre de près l'argent que vous doivent vos clients. Bien souvent, les entreprises sont obligées de courir après l'argent, et se retrouvent ainsi en grande difficulté. Évitez de vous mettre dans ce genre de situations, notamment en réalisant des prélèvements clients (voir p. 216), afin de diminuer votre BFR (voir p. 54).

42 Personnel et comptes rattachés. Cette classe de comptes regroupe tout ce que vous devez payer à votre personnel : rémunérations, participation aux résultats, avances et acomptes... Ces comptes sont systématiquement créditeurs, et bien souvent à zéro, car vous payez votre personnel tous les mois.

43 Sécurité sociale et autres organismes sociaux. Ce compte regroupe les charges sociales que vous devez payer pour votre personnel, mais également pour vous, notamment le RSI (compte 438).

44 État et autres collectivités publiques

444 État, impôt sur les bénéfices. Ce compte est la contrepartie du compte 695 Charge d'impôt sur les bénéfices. On l'appelle aussi plus couramment Impôt sur les sociétés ou IS (voir p. 36).

LE CONSEIL DE L'EXPERT-COMPTABLE

L'impôt sur les bénéfices ou Impôt sur les sociétés (IS) se paie en quatre acomptes. En cours d'année, lorsque vous payez les acomptes, il faut débiter le compte 444 et créditer le compte banque.

Ce n'est que lors de l'établissement de votre bilan que vous pouvez comptabiliser la charge d'IS (compte 695) par le compte 444. Voir aussi l'exemple p. 130.

Attention : en termes de trésorerie, le premier acompte d'IS de l'année N correspond à un quart de l'IS N-2. Les trois autres acomptes sont égaux à un tiers de l'IS de N-1.

445 TVA. Voir p. 154.

448 État, charges à payer et produits à recevoir

Ce compte recense les charges à payer rattachables à l'exercice N et qu'il faudra payer en N+1. En effet, certaines taxes sont à payer en N+1, alors qu'elles sont relatives à l'exercice N. Il faut donc que le compte de résultat et le bilan de l'exercice N fassent figurer cette charge, car elle est relative à l'exercice N. Lorsque vous connaissez le montant d'une charge qui se rattache à l'exercice N, il est nécessaire de « provisionner » cette charge dans les comptes de l'exercice N. Lors du paiement effectif de la charge (en N+1), vous extournerez la provision (c'est-à-dire que vous passerez l'écriture dans le sens inverse de l'écriture d'origine), puis comptabiliserez la charge. En théorie, si votre provision a été calculée à l'euro près, l'exercice n+1 ne se trouve pas impacté de l'écriture de charge. Votre charge est totalement neutralisée par l'extourne de provision.

EXEMPLE

La taxe d'apprentissage représente un pourcentage des charges de personnel de l'exercice, mais elle n'est payable qu'en mars N+1. Il faut donc comptabiliser l'écriture de charge à payer suivante.

N° de compte	Libellé	Débit	Crédit
	31/12/N		
631200	Taxe d'apprentissage	423	
448000	État, charges à payer		423
	01/03/N+1		
448000	Extourne de l'écriture État, charges à payer	423	
631200	Extourne		423
	01/03/N+1		
631200	Constatation de la charge réelle	423	
438600	Fournisseur taxe d'apprentissage		423
	01/03/N+1		
438600	Paiement de la taxe d'apprentissage	423	
512000	Banque		423

45 Groupe et associés

455 Associés, comptes courants. Le compte courant d'associés (personne physique) est à différencier du compte de l'exploitant (compte 108).

- Le compte de l'exploitant (108) est utilisé dans une entreprise transparente fiscalement (affaires personnelles, professions libérales, etc.). C'est le compte par lequel transite la rémunération du dirigeant.

– Le compte courant d'associé (455) est de manière schématique utilisé dans les entreprises soumises à l'IS. Il regroupe les créances de l'associé ou du dirigeant sur la société. En effet, si l'entreprise a besoin de capitaux pour se financer, les associés peuvent injecter de la trésorerie dans l'entreprise. Dans ce cas, l'écriture à comptabiliser est le débit du compte banque (compte 512) par le crédit du compte courant d'associé (compte 455). Le compte courant d'associé est alors créditeur, ce qui est parfaitement logique. Cette créance est remboursable et rémunérée. Lorsque vous investissez de la trésorerie en compte courant dans votre entreprise, vous pouvez obtenir des intérêts. Le taux d'intérêt de rémunération de vos avoirs est plafonné fiscalement.

LE CONSEIL DE L'EXPERT-COMPTABLE

Le compte courant d'associé ne doit JAMAIS être débiteur. L'associé encourt un risque pénal dans ce cas. En effet, si le compte est débiteur, cela veut dire que l'associé a prélevé la trésorerie de l'entreprise sans aucun justificatif.

48 Comptes de régularisation

486 Charges constatées d'avance. La définition des charges constatées d'avance est assez simple : ce sont les charges dont la date de facture est sur l'exercice N, mais dont la livraison ou la prestation intervient en N+1. Voir l'exemple p. 126 en ce qui concerne les primes d'assurance.

487 Produits constatés d'avance. Cela concerne des prestations ou des livraisons que vous avez facturées en N et dont la livraison ou la prestation interviendra en N+1. Dans ce cas, il faut donc neutraliser le chiffre d'affaires N en comptabilisant un produit constaté d'avance. C'est le même schéma que précédemment, mais dans l'autre sens. La différence : il faut débiter un compte de classe 7 et créditer le compte 487 afin de neutraliser le chiffre d'affaires.

EXEMPLE

Pierre et Antoine ont choisi de créer une société qui vend du cidre dans des petites bouteilles de 33 cl, à consommer dans les bars. Ce format est novateur en France. Voilà pourquoi ils fondent de grands espoirs dans leur société. La société a réalisé un chiffre d'affaires de 60 000 € HT. Elle reçoit énormément de commandes en fin d'année [cadeaux et autres]. Elle clôture ses comptes au 31 décembre de chaque année. Une grande entreprise, Dupond, les a sélectionnés pour faire des cadeaux de fin d'année aux salariés. La commande de 5 000 € HT a été passée le 15 décembre de l'année N. En raison de problèmes techniques, la livraison n'a pu être effectuée que le 3 janvier. S'agissant d'une activité de livraison de biens, le fait générateur de la prestation intervient lors de la livraison du bien et non de la commande. L'entreprise de Pierre et Antoine a facturé cette livraison le 28 décembre N pour 5 000 € HT. Le chiffre d'affaires de 60 000 € HT inclut donc les 5 000 € en question. Comme la livraison a eu lieu en N+1, il faut donc comptabiliser un produit constaté d'avance afin de respecter le principe comptable de séparation des exercices. Voici donc l'écriture à comptabiliser.

N° de compte	Libellé	Débit	Crédit
	31/12/N		
707000*	Chiffre d'affaires	5 000	
445710	TVA collectée	1 000	
487000	Produit constaté d'avance		6 000
	01/01/N+1		
487000	Extourne écriture de PCA	6 000	
445710	TVA collectée		1 000
707000	Chiffre d'affaires		5 000
	01/01/N+1		
411000	Constatation chiffre d'affaires / client Dupont	6 000	
707000	Chiffre d'affaires		5 000
445710	TVA collectée		1 000
	02/02/N+1		
512000	Paiement de Dupont	6 000	
411000	Compte client Dupont		6 000

*Notez que le compte 707 est ici débité [ce qui est rare, il est généralement créditeur], car il s'agit d'une écriture de régularisation.

49 Provisions pour dépréciation des comptes de tiers

491 Provisions pour dépréciation des comptes de clients. Ce compte doit être utilisé lorsque vous avez suffisamment d'éléments probants pour penser qu'un client ne vous paiera pas une facture due. Par exemple, la créance est très ancienne (plus de 6 mois) et, malgré vos relances, le client ne vous répond pas. Il peut aussi y avoir un litige sur la transaction : le client s'estime mécontent et ne veut pas vous régler pour le moment. La solution : il vous faut alors déprécier la créance (à l'appui de justificatifs*) : vous débitez donc un compte de Dotation aux provisions pour dépréciation des comptes clients (compte 68174 = charge qui baisse votre résultat) par le compte 491. La situation n'est pas figée. Si le client vous règle en N+1, il vous faut reprendre la provision (l'annuler) en passant par un compte de produits (compte de reprise de provisions 78174).

EXEMPLE

Marine a une société de conseil aux entreprises. Elle facture un client pour 40 000 € HT le 15/01/N. Au 15/02/N+1, date à laquelle les travaux de bilan commencent, son expert-comptable s'aperçoit que la facture n'a toujours pas été réglée par le client. Se pose alors la question de la recouvrabilité de cette créance. Marine a entrepris plusieurs actions de relance qui ne se sont pas avérées satisfaisantes. Elle n'a plus aucune relation commerciale avec ce client. Les multiples relances ont été sans effet. Elle confirme donc à son expert-comptable qu'il faut déprécier la totalité de la créance. Voici l'écriture à comptabiliser.

N° de compte	Libellé	Débit	Crédit
	31/12/N		
681740	Dotation aux provisions pour dépréciation des comptes clients	40 000	
491000	Provisions pour dépréciation des comptes de clients		40 000

Le 15/09/N+1, Marine trouve un accord avec le client pour un règlement de 10 000 €. Voici l'écriture à comptabiliser.

N° de compte	Libellé	Débit	Crédit
	15/09/N+1		
491000	Provisions pour dépréciation des comptes de clients	40 000	
781740	Compte de reprises de provisions		40 000
	15/09/N+2		
706000	Avoir Client*	40 000	
445710	TVA collectée exigible à l'encaissement	8 000	
411000	Client B		48 000
411000	Client B **	12 000	
706000	Prestations de services		10 000
445710	TVA collectée exigible à l'encaissement		2 000

*Avoir permettant d'annuler la facture initiale.
** Émission d'une nouvelle facture de 10 000 €.

LE CONSEIL DE L'EXPERT-COMPTABLE

Si le client est en liquidation judiciaire et que vous voulez récupérer la TVA sur la créance non réglée, il vous faut impérativement le certificat d'irrécouvrabilité (fourni par le liquidateur judiciaire). Il vous est alors possible de sortir la créance du bilan en transitant par un compte de Perte sur créances irrécouvrables (compte 654). Voir p. 128.

58
Quels sont les principaux comptes de classe 5 à connaître ?

Les comptes de classe 5 sont les comptes financiers. Ils regroupent les disponibilités monétaires de l'entreprise.

50 Valeurs mobilières de placement

508 Valeurs mobilières de placement. Il s'agit de fonds liquides rapidement disponibles, mais qui ne sont pas sur votre compte courant. Ce sont des titres financiers qui affichent un taux de rentabilité correct sur le court terme, ce qui vous permet théoriquement d'obtenir une meilleure rémunération de vos avoirs.

51 Banques, établissements financiers et assimilés

511 Valeurs à l'encaissement

5112 Chèques à encaisser et 5115 CB à encaisser. Cette classe de comptes doit regrouper les chèques en votre possession ou cartes bancaires dont vous êtes certain qu'ils seront crédités (sauf impayés) sur votre compte bancaire dans les 2 ou 3 jours suivants. Lorsque ces sommes figureront sur votre relevé bancaire, il vous faudra les basculer dans le compte 512 (compte Banques).

LE CONSEIL DE L'EXPERT-COMPTABLE

Le compte 511 ne doit en aucun cas comporter d'opérations anciennes (de plus de 1 mois par exemple car, lorsque vous remettez un chèque en banque, il est basculé sur le compte banque rapidement). Si votre comptabilité devait en contenir, vous devez vous interroger sur lesdites transactions et mener des investigations.

512 Banques. Ce compte représente le compte bancaire de la société. Si une société a plusieurs comptes bancaires, il faut utiliser un compte bancaire par compte : 51201, 51202... Il est utilisé lors des paiements par chèques et par virements (pour les espèces, il faut utiliser le compte 53 Caisse).

LE CONSEIL DE L'EXPERT-COMPTABLE

Il vous faut établir tous les mois des rapprochements bancaires. Le but est d'expliquer les éventuels écarts entre le solde figurant sur le relevé bancaire et le solde comptable du compte 512. Voir p. 144.

53 Caisse

Ce compte est utilisé lors des paiements en espèces.

LE CONSEIL DE L'EXPERT-COMPTABLE

Si vous avez choisi de mettre à disposition du personnel une caisse dans l'entreprise, il est obligatoire de réaliser un PV de caisse pour la clôture de l'exercice. Vous devez alors faire un inventaire de caisse.

59
Quels sont les principaux comptes de classe 6 à connaître ?

Les comptes de classe 6 sont les comptes de charges. Pour rappel, les charges baissent le résultat de l'entreprise (tandis que les produits l'augmentent).

60 Achats

601 et 602 Achats stockés. Il s'agit d'achats de matières premières, matières consommables, emballages. Ces achats ont la particularité d'être stockables. Il est donc obligatoire de réaliser un inventaire de fin d'année (voir p. 187). Il vous faut donc, en cours d'année et au fil de l'eau, mentionner les achats stockables dans ces comptes.

603 Variations de stocks (voir p. 189)

61/62 Autres charges externes

613 Locations

614 Charges locatives et de copropriété

615 Entretien et réparations

616 Primes d'assurances. Attention : les primes d'assurance ont pour particularité d'être payées d'avance. Il faut donc les comptabiliser par des charges constatées d'avance (voir p. 119).

EXEMPLE

N° de compte	Libellé	Débit	Crédit
	Au 30/12/N		
616	Assurance	1 000	
401	Fournisseur assurance		1 000
401	Fournisseur assurance	1 000	
512	Banque		1 000
486	Charges constatées d'avance Assurances	1 000	
616	Assurance		1 000
	Au 02/01/N+1		
616	Extourne Charge constatées d'avance Assurances	1 000	
486	Charges constatées d'avance Assurances		1 000

C'est bien l'exercice N +1 qui est impacté par la charge et non l'exercice N (la prime d'assurance est payée d'avance en N pour N +1).

622 Rémunérations d'intermédiaires et honoraires. Ce compte regroupe les honoraires des avocats, experts-comptables, agences de publicité...

LE CONSEIL DE L'EXPERT-COMPTABLE

Si votre entreprise verse des honoraires, commissions, remises commerciales, droits d'auteur ou d'inventeur à des tiers (au-delà d'un certain seuil, voir ci-après), elle doit établir une déclaration DAS 2 dans les 90 jours suivant l'envoi de la liasse fiscale à l'attention de l'administration fiscale. Cette déclaration détaille les honoraires versés à des tiers. Elle doit être obligatoirement établie sous peine d'amende.

À titre d'information, le seuil des honoraires est de 1 200 € par an et par bénéficiaire. En clair, seules les sommes versées supérieures à 1 200 € par an pour un même bénéficiaire doivent être portées sur la DAS 2.

627 Services bancaires et assimilés. Ce sont tous les frais bancaires : frais de tenue de compte, frais de virement... À l'exception des agios et des intérêts d'emprunts (indiqués dans le compte 66 Charges financières).

63 Impôts, taxes et versements assimilés

631 Impôts, taxes et versements assimilés sur rémunérations

6311 Taxe sur les salaires

6312 Taxe d'apprentissage et 6313 Participation des employeurs à la formation professionnelle continue. Si votre entreprise compte des salariés, il est nécessaire d'établir un certain nombre de déclarations pour le 1er mars. Il s'agit des taxes d'apprentissage et de formation professionnelle continue. Pour les établir, demandez conseil à votre expert-comptable.

635 Autres impôts, taxes et versements assimilés (administration des impôts)

6351 Impôts directs

63511 Ex-taxe professionnelle devenue CFE et CVAE. La cotisation foncière des entreprises est calculée en fonction de la commune du siège social de votre entreprise et des mètres carrés occupés (plus d'infos sur www.impots.gouv.fr). La CVAE (ou cotisation sur la valeur ajoutée des entreprises) concerne les entreprises dont le chiffre d'affaires dépasse 500 000 €.

637 Autres impôts, taxes et versements assimilés (autres organismes)

6371 Contribution sociale de solidarité à la charge des sociétés. Il s'agit d'une surtaxe sur l'IS. Elle concerne les entreprises dont le chiffre d'affaires est supérieur à 760 000 €. Cette taxe s'élève à 0,16 % du CA.

64 Charges de personnel

641 Rémunérations du personnel

6411 Salaires, appointements. Il s'agit de la rémunération brute versée aux salariés (salaire net + cotisations salariales versées directement à l'entreprise par l'Urssaf).

Le compte 641 est ensuite complété par un certain nombre d'autres rémunérations : congés payés (6412), primes et gratifications (compte 6413), indemnités et avantages divers (6414)...

644 Rémunération du travail de l'exploitant. Ce compte permet d'indiquer la rémunération du gérant d'une SARL ou d'une EURL. Les cotisations sociales qui y sont liées sont indiquées dans le compte 646.

645 Charges de Sécurité sociale et de prévoyance. Ce compte regroupe l'ensemble des charges patronales versées aux différentes caisses (Urssaf, mutuelles, caisses de retraite, Assedic...)

65 Autres charges de gestion courante

Ces comptes sont rarement utilisés en pratique. Le compte qui pourrait vous servir est le compte 654 Pertes sur créances irrécouvrables. Lorsque vous êtes certain que votre client ne vous réglera pas une facture qui avait été enregistrée dans les comptes des exercices précédents, vous pouvez alors sortir cette créance du bilan par le compte 654. Attention : si vous voulez récupérer la TVA sur cette créance, il vous faut le certificat d'irrécouvrabilité transmis par le liquidateur judiciaire de votre client.

66 Charges financières

Dans cette catégorie, les comptes de charges d'intérêt 661 sont les plus utilisés. Attention à bien faire la différence entre intérêts et remboursement du capital.

EXEMPLE

Soit un emprunt de 100 000 € avec un taux d'intérêt à taux fixe de 5 % par an, soit 5 000 € par an. L'emprunt a été souscrit le 01/01/N. Le remboursement de l'emprunt est de 2 000 € par mois, soit 24 000 € par an (19 000 € de capital + 5 000 € d'intérêts). Le prêt est remboursé une fois par an à la banque (hypothèse pour l'exemple).

Voici les écritures à comptabiliser pour l'année N.

N° de compte	Libellé	Débit	Crédit
164	Emprunts auprès des établissements de crédit	19 000	
661	Charges d'intérêts	5 000	
512	Banque		24 000

67 Charges exceptionnelles

6712 Pénalités, amendes fiscales et pénales

LE CONSEIL DE L'EXPERT-COMPTABLE

Précision importante : une amende fiscale n'est pas déductible de votre résultat. Vous devez donc, si la société est soumise à l'impôt sur les sociétés, réintégrer cette amende dans votre résultat fiscal (imprimé 2058-A). Voir aussi p. 180 à propos de la différence entre résultat comptable et résultat fiscal.

675 Valeurs comptables des éléments d'actifs cédés. Il vous faut utiliser ces comptes quand vous cédez une immobilisation. Voir p. 150.

68 Dotations aux amortissements et aux provisions

Ces comptes doivent être alimentés lors de chaque clôture. Ils sont la contrepartie du compte 28 Amortissement. Voir p. 112.

69 Participation des salariés – Impôts sur les bénéfices et assimilés

691 Participation des salariés aux résultats. Elle s'applique obligatoirement aux entreprises de plus de 50 salariés. Il est possible de se soumettre volontairement à ce régime. Le montant de la participation est calculé selon une formule légale :

Participation = $\frac{1}{2}$ (B-5C / 100) x S / VA

B Bénéfice net de l'exercice, déduction faite de l'impôt correspondant
C Capitaux propres de l'entreprise
S Salaires de l'entreprise
VA Valeur ajoutée de l'entreprise

695 Impôt sur les bénéfices

Il se paie par un régime d'acomptes (voir aussi p. 117). Quand vous connaissez le montant définitif de l'impôt, il faut comptabiliser la charge par ce compte. Voici les écritures à passer quand vous réglez un acompte et que vous connaissez son montant définitif.

EXEMPLE

N° de compte	Libellé	Débit	Crédit
	Règlement d'acompte		
444	État – Impôt sur les bénéfices	6 000	
512	Banque		6 000
	Calcul de l'impôt définitif (à la clôture du bilan)		
695	Impôt sur les bénéfices	24 000	
444	État – Impôt sur les bénéfices		24 000

60
Quels sont les principaux comptes de classe 7 à connaître ?

Les comptes de classe 7 sont les comptes de produits.

70 Ventes de produits fabriqués, prestations de services, marchandises
Ce compte regroupe le CA de votre entreprise. La contrepartie la plus naturelle est le compte 411 (compte clients).

71 Production stockée (ou déstockage)
C'est le pendant du compte 603 Variation de stock.
Lorsque votre stock augmente d'une année sur l'autre, vous devez, à la clôture de l'exercice, constater cette augmentation par un compte 713. Si votre stock diminue, il faut l'indiquer dans le compte 603. Voir aussi p. 189.

GÉRER SA COMPTABILITÉ AU QUOTIDIEN

Vous connaissez désormais les techniques pour passer les différentes écritures comptables. Découvrez maintenant les outils qui vont vous permettre de réaliser cette gestion quotidienne.

61
Quels sont les différents types de documents comptables ?

Quels que soient votre régime fiscal et vos obligations comptables, il est important de conserver **tous les documents** justifiant de votre activité et de vos enregistrements comptables. Chaque opération enregistrée sur un journal doit pouvoir être justifiée par un document comptable. Il en existe plusieurs sortes. Voici les principaux.

- **Les factures fournisseurs** (que vous recevez des fournisseurs). Notre conseil : quand vous payez une facture, pensez toujours à indiquer sur la facture le numéro de chèque ou la date du virement correspondant à son règlement.
- **Les factures de vente.** Vous pouvez les conserver soit sous Word, soit sous un dossier informatique si vous les émettez via un logiciel de facturation (voir p. 137).
- **Les tickets de caisse, notes de restaurant...** Conservez bien tous ces justificatifs pour faire vos notes de frais, et renseignez-les au fur et à mesure dans un logiciel mis à disposition par votre expert-comptable ou bien dans un tableau Excel.
- **Attention à la TVA sur les notes de frais, car elle est récupérable** (TVA déductible, p. 156). Pour les notes de restaurant, n'oubliez pas que plusieurs taux de TVA peuvent être appliqués sur une même note. Il n'est donc pas possible d'appliquer un taux « mécanique ».
- **Les relevés bancaires.** Prenez le temps de mentionner sur chaque relevé bancaire la source des dépenses ou des recettes en question. Exemple : quand un client vous paye, mentionnez le numéro de facture correspondant. Idem pour vos dépenses : mettez le numéro de facture. Cela facilitera la fluidité avec votre expert-comptable.

LE CONSEIL DE L'EXPERT-COMPTABLE

Ne soyez pas surpris si certains experts-comptables vous demandent de signer une convention avec votre banque afin qu'il puisse récupérer le flux informatique directement : c'est une tendance qui se fait de plus en plus. Les clients comme les experts-comptables y gagnent en fluidité et en simplicité.

- **Les bulletins de paie et les contrats de travail** si votre entreprise emploie des salariés.
- **Les bordereaux de charges sociales.**

LE CONSEIL DE L'EXPERT-COMPTABLE

Pour vous faciliter la tâche, pensez à classer les documents au fur et à mesure, en mettant les plus récents sur le dessus. En fonction de la taille de votre entreprise, optez pour un seul et unique classeur avec des intercalaires, ou bien pour plusieurs classeurs spécifiques pour chaque type de documents : factures clients, factures fournisseurs, banque, personnel, charges sociales, fiscalité...

62
Combien de temps conserver les documents comptables ?

Tout comme les particuliers, les entreprises doivent conserver les documents un certain temps. Ceux-ci peuvent servir en cas de contrôle notamment. Sachez que le Code de commerce et le Code du travail imposent un délai de conservation de 5 ans pour les documents comptables et de 2 ans pour les documents relatifs au personnel de l'entreprise. L'administration fiscale, elle, dispose d'un délai de contrôle de 6 ans pour les principaux impôts (IR, IS et TVA).

LE CONSEIL DE L'EXPERT-COMPTABLE

N'hésitez pas à discuter de la meilleure organisation possible avec votre expert-comptable, afin que la transmission des documents comptables soit optimale. Vous pouvez lui transmettre ces documents par scan ou courrier, au fil de l'eau ou périodiquement…

63
Comment émettre des factures ?

Il existe deux grandes méthodes pour émettre des factures.

SOUS WORD

Cette solution est valable pour les entreprises qui émettent peu de factures et n'ont pas de stock à gérer (par exemple, les consultants). Mais cette solution n'est pas durable si votre entreprise grossit. En effet, cela ne permet pas de suivre la facturation ou les encaissements de manière automatisée.

VIA UN LOGICIEL DE FACTURATION

Quand votre volume de factures augmente, il est conseillé d'adopter ce mode de facturation. En effet, cela permet de réaliser des extractions au format Excel, que vous pourrez envoyer à votre expert-comptable afin qu'il puisse comptabiliser de manière plus simple et plus fiable vos données. Il existe plusieurs types de logiciels sur le marché : n'hésitez pas à demander conseil à votre expert-comptable.

LE CONSEIL DE L'EXPERT-COMPTABLE

Choisissez un logiciel qui puisse générer des fichiers Excel exploitables par votre expert-comptable lors du bilan.

64
Quelles sont les informations essentielles à faire figurer sur une facture ?

Les informations essentielles à faire figurer sur une facture sont les suivantes :

- nom de la société et adresse du siège social de la société ;
- numéro de TVA intracommunautaire ;
- date de la facture ;
- montant HT et montant TTC ;
- montant de la TVA.

Voici un exemple de facture.

Nom de la société
Adresse
CP Ville
Téléphone
Fax
N° SIRET :

Facturé à :
Société ou Nom Client
Adresse
CP Ville

Date : JJ/MM/AAAA
Référence : Description du projet et/ou produit facturé
Numéro de facture : xxxx

Désignation	Quantité	Prix unitaire HT	Prix total HT
Désignation produit/service	*Quantité ou durée de travail*	*Prix unitaire hors taxe*	*Prix total hors taxe (= quantité x prix unitaire)*
		Total hors taxe	00,00 €
		TVA à XX %	00,00 €
		Total TTC en €	00,00 €

Conditions de paiement : *à la réception, à 30 jours...*

Éventuellement :
– cordonnées bancaires ;
– pénalités en cas de retard ;
– mode de règlement accepté.

65
Peut-on envoyer ses factures par e-mail ?

Aujourd'hui, il est possible de transmettre ses factures à ses clients par voie électronique et non par courrier papier. Le principal avantage des factures électroniques est qu'elles sont moins coûteuses à transmettre (pas de frais d'affranchissements à payer) et à traiter que les factures papier. Mais, pour être légales et prises en compte par l'administration fiscale (pour la détermination du bénéfice imposable et de la TVA), elles doivent remplir un certain nombre de conditions.

- **Une signature électronique conforme** doit être apposée sur la facture créée avec un logiciel de lecture PDF. Pour cela, il faut contacter un prestataire de certification électronique qualifié afin d'obtenir un certificat de signature. Comptez entre 70 et 130 € pour une certification de 2 ou 3 ans.
- Votre client doit avoir au préalable **accepté de recevoir vos factures sous forme électronique.**

Pour le contenu même de la facture, celui-ci doit reprendre les mêmes informations que la facture papier.

66
Quelles sont les démarches à faire chaque jour ou chaque semaine ?

Pour ne pas perdre trop de temps avec sa comptabilité, il est indispensable d'être organisé. Sachez que, chaque jour, vous avez un certain nombre de choses à faire. Essayez de vous astreindre à les réaliser au quotidien, ou bien regroupez-les en fin de semaine.

- **Notez chaque opération que vous effectuez sur le journal correspondant ou sur le livre-journal** : dépôt et retrait d'argent en banque (chèques, espèces...), achat de matériel, règlement par chèque ou virement à vos fournisseurs, paiement d'impôts... Conservez et classez les pièces qui s'y rapportent.
- **Encaissez les chèques de vos clients.**
- **Payez vos fournisseurs.**
- **Vérifiez le compte bancaire de votre entreprise** pour voir si vos clients qui doivent vous régler par virement l'ont fait ou non.

LE CONSEIL DE L'EXPERT-COMPTABLE

N'hésitez pas à relancer les clients qui ne vous ont pas payé dans les bons délais : c'est fondamental pour la survie de votre entreprise. C'est la cause de nombreuses défaillances d'entreprise. On entend bien souvent dire sur le terrain : « Mon client qui faisait 80 % de mon chiffre d'affaires ne m'a toujours pas réglé sa dernière facture ! »

67
Quelles sont les démarches à faire à la fin du mois ?

À la fin du mois, c'est l'heure de faire un petit bilan du mois écoulé et d'effectuer certaines démarches administratives. Voici un petit récapitulatif.

- **Établissez votre grand livre.** Celui-ci reprend, compte par compte, l'ensemble des écritures passées pendant le mois.
- Faites votre **rapprochement bancaire** du mois. Voir p. 144.
- Si vous le souhaitez, vous pouvez également faire **une balance des comptes.** Voir p. 172.
- **Établissez les fiches de paie de vos salariés.** Pour cela, communiquez à votre expert-comptable ou au prestataire que vous avez mandaté les informations nécessaires : les congés payés pris, les éventuelles primes, les éventuelles heures supplémentaires, les entrées et sorties de personnel. Attention : selon la taille de votre entreprise, le paiement des charges à l'Urssaf se fait au mois ou au trimestre : prévoyez-le dans votre trésorerie. Nouveauté : depuis début 2017, la déclaration est mensuelle (DSN).
- Pensez aussi à vos **déclarations mensuelles de TVA**, si votre entreprise est au régime réel normal.
- N'oubliez pas de **payer votre loyer**, si vous en avez un.
- **Faites le suivi de vos marges.** C'est un élément très important pour suivre la rentabilité de votre entreprise, et donc assurer sa survie à long terme. Pour calculer le taux de marge, voir p. 58.

68 Quelles sont les démarches à faire à la fin du trimestre, du semestre et de l'année ?

- En fin de trimestre (ou tous les mois, en fonction de la taille de votre entreprise, voir ci-dessus), vous devez **télédéclarer des bordereaux** à l'Urssaf pour le paiement de vos charges.
- En fin de semestre, pensez au **paiement de vos acomptes de TVA**, si vous êtes soumis au réel simplifié.
- En fin d'année fiscale : faites **le bilan**. N'oubliez pas votre **inventaire** (voir p. 187).

69
Qu'est-ce qu'un rapprochement bancaire et comment le faire ?

Le rapprochement bancaire est une formalité qu'une entreprise doit effectuer tous les mois. Le but est d'expliquer les éventuels écarts entre le solde figurant sur le relevé bancaire, d'une part, et le solde comptable du compte 512, d'autre part. Pour cela, il faut pointer un certain nombre d'informations.

Pour bien comprendre cette opération, il faut revenir un peu en arrière. Afin de réaliser votre comptabilité, il faut saisir le journal de banque. Concrètement, il faut prendre son relevé bancaire, et affecter les différentes opérations bancaires. Pour rappel, les écritures qui figurent en crédit sur le compte bancaire (encaissements) doivent figurer au débit du compte 512 en comptabilité.

EXEMPLE
Un client, l'entreprise Dumas, paie une facture d'un montant de 400 € par chèque, remis à l'encaissement le 31 décembre à la banque. Vous passez donc l'écriture suivante sur votre journal de banque.

N° de compte	Libellé	Débit	Crédit
512	Banque	400	
411 Dumas	Compte client		400

Par ailleurs, vous payez un fournisseur, l'entreprise Martin, pour un montant de 300 € par chèque le 20 décembre.

N° de compte	Libellé	Débit	Crédit
401 Martin	Fournisseurs Martin	300	
512	Banque		300

Lorsque vous faites le rapprochement bancaire, vous pouvez constater par exemple que, au 31 décembre, le solde comptable de l'entreprise se monte à 10 100 €, alors que le solde bancaire s'élève à 10 000 €. Cette différence s'explique par le fait que certaines opérations ne figurent pas encore sur votre relevé bancaire, alors qu'elles sont présentes en comptabilité et donc qu'elles se rattachent à l'exercice en cours. Exemple : vous avez effectué la remise d'un chèque en banque le 31 décembre, mais celui-ci ne figure pas encore sur votre compte bancaire. Il y apparaîtra le 2 janvier (c'est le cas par exemple pour le chèque reçu de l'entreprise Dumas). Autre exemple : vous émettez un chèque, mais celui-ci n'a pas encore été déposé (c'est le cas par exemple du chèque du paiement du fournisseur, l'entreprise Martin). Le but est donc de comptabiliser ces opérations.

En pratique, le rapprochement bancaire consiste essentiellement à pointer les chèques de votre chéquier émis par la société et qui n'ont pas été tirés par les tiers, et les chèques reçus et pas encore déposés en banque (ou déposés depuis très peu de temps). Pour établir le rapprochement bancaire, on peut utiliser le tableau suivant :

A	Solde bancaire sur relevé bancaire	10 000
B	Décaissement présent dans la comptabilité et absent en banque *Exemple : chèque que vous avez émis, mais qui n'a pas encore été remis en banque par le tiers.*	300
C	Encaissement absent en comptabilité et présent en banque *(Assez rare en pratique !)*	0
D	Décaissement absent en comptabilité et présent en banque *Exemple : un prélèvement dont vous ne connaissez pas l'origine.*	0
E	Encaissement présent dans la comptabilité et absent en banque *Exemple : un chèque que vous venez de remettre à l'encaissement et celui-ci figurera sur votre compte bancaire que 2 ou 3 jours après.*	400

Le solde comptable est égal à A-B-C+D+E, soit, dans l'exemple donné ici, à 10 100 €. On retrouve donc le solde comptable annoncé. Tout est normal.

LE CONSEIL DE L'EXPERT-COMPTABLE

Votre rapprochement bancaire ne doit pas comporter d'éléments anciens. Les opérations en rapprochement doivent se dénouer dans les jours qui suivent le rapprochement.

70
Que sont les immobilisations ?

Dans le bilan, plusieurs lignes sont consacrées aux immobilisations. Il s'agit des biens que l'entreprise possède, et qui font partie du fonctionnement de l'entreprise. Exemple : un ordinateur est une immobilisation (si l'activité de l'entreprise était de vendre des ordinateurs, il serait en stock et non en immobilisation).

On distingue trois types d'immobilisations, en fonction de leur nature (on retrouve cette distinction dans le bilan) :

- Immobilisation incorporelle : fonds de commerce, droit au bail, logiciel, brevet…
- Immobilisation corporelle : terrain, constructions, matériel et outillage, matériel de transport, immobilier… L'ordinateur de notre exemple en fait partie.
- Immobilisation financière : titres de participation (exemple : votre société détient une filiale).

71
Que sont les amortissements ?

L'immobilisation représente un actif dont on peut « étaler le coût » dans le temps, car elle est destinée à être utilisée plusieurs années. Son coût ne peut donc pas être déduit sur la seule année d'achat, mais sur sa durée normale d'utilisation. C'est ce que l'on appelle l'amortissement. Chaque année, on comptabilise une dotation aux amortissements, qui est une charge en compte 68, que l'on pourrait calculer ainsi :

Valeur de l'actif/durée d'amortissement ou Valeur de l'actif x pourcentage (voir tableau page suivante). Lorsque c'est la première année, il faut faire un prorata temporis en fonction de la date d'acquisition.

EXEMPLE

Vous avez acheté pour votre société un smartphone nécessaire à son activité. Cet appareil a été acheté le 01/01/N-2 au prix de 800 €. Cet appareil est amorti en linéaire sur 3 ans : il faut donc comptabiliser une charge de dotation aux amortissements de 800 / 3 = 266 €. En contrepartie, on comptabilise un amortissement du même montant. Voici l'écriture à comptabiliser au 31/12/N-2.

N° de compte	Libellé	Débit	Crédit
218300	Matériel informatique	800	
512000	Banque		800
681120	Dotations aux amortissements	266	
280000	Amortissement		266

IMMOBILISATION OU CHARGE DÉDUCTIBLE ?

Les immobilisations regroupent les acquisitions d'un montant supérieur à 500 € HT. Par mesure de simplification, l'administration fiscale autorise en effet les entreprises à passer directement les acquisitions en charges déductibles lorsque leur valeur unitaire n'excède pas un montant fixé à 500 € HT. Cela peut s'appliquer par exemple au matériel et outillage, au matériel et mobilier de bureau, aux logiciels...

À titre d'information, voici un récapitulatif des principales durées d'amortissement, telles que définies par l'administration fiscale.

	% par an
Bâtiment commercial	2 à 5
Bâtiment industriel (non compris la valeur du sol)	5
Matériel	10 à 15
Outillage	10 à 20
Matériel de bureau	10 à 20
Matériel de transport automobile	20 à 25
Mobilier	10
Agencements, installation	5 à 10
Brevets, certificat d'obtention végétale	20

72
Comment comptabiliser une cession d'immobilisation ?

Quand vous cédez une immobilisation, vous utilisez le compte 675 Valeurs comptables des éléments d'actifs cédés.

EXEMPLE

Votre société a acquis un smartphone nécessaire à l'exploitation de l'entreprise. Cet appareil a été acquis le 01/01/N-2 au prix de 800 €. Cet appareil est amorti en linéaire sur 3 ans. Vous le cédez 200 € HT le 01/01/N.

Valeur brute au 01/01/N	800 €
Amortissements déjà pratiqués (compte 28)	533 €, soit (800 / 3) x 2
Valeur nette comptable	267 €
Prix de cession	200 €

Voici les écritures à comptabiliser dans le registre des immobilisations.

	N° de compte	Libellé	Débit	Crédit
①	675200	Valeur nette comptable des éléments d'actifs cédés	267	
	280000	Amortissement* (déjà comptabilisé sur cette immobilisation)	533	
	218300	Matériel informatique		800
②	512000	Banque	240	
	44571	TVA collectée		40
	775000	Produits des cessions d'éléments d'actifs cédés		200

① Écriture pour sortir l'élément de l'actif de l'entreprise.
② Écriture pour constater le prix de cession.

*Dans la plupart des cas, les comptes 28 sont structurellement créditeurs. Dans le cas présent, nous le débitons, car il nous faut sortir l'immobilisation de l'actif de l'entreprise.

Votre résultat se trouve ainsi impacté : - 67 € (soit 267 € de valeur nette comptable-200 € de prix de vente).

EXERCICE n° 2

Le 1/1/N, l'entreprise Dufour a acquis une immobilisation pour 1 000 € HT amortissable en linéaire sur 5 ans. Elle décide de vendre cette immobilisation le 30/6/N+4 pour 300 € HT. Quelles sont les écritures à comptabiliser ?

Voir le corrigé de l'exercice p. 234.

LA TAXE SUR LA VALEUR AJOUTÉE

La taxe sur la valeur ajoutée (TVA) est un élément central dans la comptabilité. Découvrez quel est son taux, comment la facturer, comme la récupérer…

73
Qu'est-ce que la TVA ?

La TVA est un impôt indirect : l'entreprise la facture à son client, puis la reverse au Trésor public. Dans le même temps, l'entreprise qui achète des biens ou des services auprès de ses fournisseurs la paye, et elle peut ensuite la récupérer auprès du Trésor public. En clair, l'entreprise collecte la TVA auprès de ses clients mais, avant de la reverser au Trésor public, elle déduit celle qu'elle a payée à ses fournisseurs (voir aussi p. 156). L'entreprise joue donc le rôle d'agent collecteur de l'impôt pour le compte du Trésor public.

74
Quel est le taux de TVA applicable ?

Le taux normal de TVA est de 20 %. Il s'applique à tous les produits et services qui ne font pas l'objet d'un taux particulier (taux intermédiaire, taux réduit ou taux particulier).

Le taux intermédiaire de 10 % s'applique par exemple :
- à la restauration ;
- aux travaux de rénovation d'un logement ;
- au bois de chauffage ;
- au transport de voyageurs ;
- aux droits d'entrée dans les musées, les zoos…

Le taux réduit de 5,5 % s'applique par exemple :
- aux boissons sans alcool et eaux dans les restaurants ;
- aux produits alimentaires ;
- aux abonnements de gaz et d'électricité ;
- aux livres ;
- à la billetterie des spectacles vivants ;
- à la fourniture de repas dans les restaurants scolaires…

Le taux particulier de 2,1 % s'applique :
- à la presse ;
- aux médicaments remboursables par la Sécurité sociale ;
- à la redevance télévision…

75
Dois-je ou non facturer la TVA à mes clients ? Puis-je ou non récupérer la TVA sur mes achats ?

Tout dépend de votre chiffre d'affaires (CA). Il existe en effet trois grands régimes d'imposition à la TVA.

1. LA FRANCHISE EN BASE DE TVA

Ce régime s'applique aux entreprises :

- dont le CA est inférieur à 82 200 € pour les activités d'achat/revente et les prestations de logement (hôtellerie) ;
- dont le CA est inférieur à 32 900 € pour les prestations de service.

Si vous relevez de la franchise en base, vous n'êtes plus redevable de la TVA. Vous n'avez donc aucune déclaration à déposer. Sur chacune de vos factures, vous devez inscrire la mention « TVA non applicable, article 293 B du CGI ».

En contrepartie de cette absence de déclaration, vous ne pouvez pas déduire la TVA que vous payez sur vos achats.

Sachez que vous pouvez cependant opter pour le paiement de la TVA de manière volontaire (réel simplifié ou réel normal, voir ci-après). Dans ce cas, il vous suffit d'envoyer une simple lettre d'option auprès de votre Service des impôts des entreprises. Cette option vaut au minimum pour 2 ans.

LE CONSEIL DE L'EXPERT-COMPTABLE

Si vous avez une activité de négoce ou d'achat/revente et que vous avez opté pour le régime de franchise en base de TVA, nous vous conseillons d'être très vigilant sur le calcul de vos marges. En effet, lorsque vous allez négocier vos achats, les fournisseurs vous présenteront toujours des prix HT. Il vous faudra les convertir en TTC, car vous ne pourrez pas récupérer la TVA sur les achats. Si vous ne faites pas ce calcul, c'est votre marge qui sera pénalisée, et non celle du fournisseur.

2. LE RÉGIME RÉEL

Ce régime s'applique aux entreprises :
- dont le CA est compris entre 82 200 € et 783 000 € pour les activités d'achat/revente et les prestations de logement (hôtellerie) ;
- dont le CA est compris entre 32 900 € et 236 000 € pour les prestations de services.

Le régime se caractérise par :
- le paiement de deux acomptes de TVA au cours de l'année : ils doivent être téléréglés en juillet et en décembre à l'appui de l'avis d'acompte 3514, qui doit obligatoirement être télétransmis. Leur montant est calculé sur la base de votre TVA due l'année précédente (55 % de cette base pour l'acompte de juillet).
- le dépôt d'une déclaration annuelle CA12. Elle doit être réalisée au plus tard le deuxième jour ouvré suivant le 1er mai de l'année N+1, si votre exercice coïncide avec l'année civile. Elle permet de récapituler l'ensemble de la TVA due pour l'année, et détermine la base pour les acomptes de l'année suivante. Elle permet également de calculer le solde de TVA éventuel qu'il vous reste à payer, ou que l'administration fiscale vous doit.

3. LE RÉGIME RÉEL NORMAL

Ce régime s'applique aux entreprises :

- dont le CA dépasse 783 000 € pour les activités d'achat/revente et les prestations de logement (hôtellerie) ;
- dont le CA dépasse 236 000 € pour les prestations de services.

Dans ce cas, l'entreprise doit télétransmettre tous les mois une déclaration de TVA (déclaration CA3). Elle permet de calculer la TVA due pour le mois précédent.

76
Comment calculer la TVA à déclarer ?

On l'a vu un peu plus haut : l'entreprise collecte la TVA auprès de ses clients (TVA collectée) mais, avant de la reverser au Trésor public, elle déduit celle qu'elle a payée à ses fournisseurs (TVA déductible).

À RETENIR !

» La TVA collectée est la TVA sur vos ventes, que vos clients vous payent. Vous jouez le rôle de collecteur pour le compte de l'administration fiscale. Vous devez donc reverser cette TVA collectée à l'administration fiscale.

» La TVA déductible est payée par votre entreprise quand vous réalisez des achats pour votre activité (vous payez votre fournisseur TTC).

Lorsque vous faites vos déclarations de TVA, vous devez donc payer la différence entre la TVA collectée et la TVA déductible. **TVA à payer = TVA collectée sur les ventes - TVA déductible sur les achats.**

LE CONSEIL DE L'EXPERT-COMPTABLE

Voici deux principes très importants à retenir, que vous devez prendre en compte dans votre comptabilité.

» **Si vous exercez une activité de prestation de services, vous ne collectez et déduisez la TVA que lors de l'encaissement** (pour vos ventes) **et de vos décaissements** (pour vos achats).
Par exemple, vous êtes sous le régime du réel simplifié, vous déclarez et payez votre TVA semestriellement. En juin, vous facturez une vente de services de 10 000 € HT + 2 000 € TVA. Vous n'êtes réglé qu'en juillet. Vous devez donc porter la TVA collectée sur la déclaration du deuxième semestre, car votre encaissement a été fait au deuxième semestre.

» **Si vous exercez une activité de livraison de bien (achat revente, négoce), vous devez reverser la TVA à l'administration fiscale lors de la livraison du bien.** En pratique, lors de l'émission de la facture et non quand le client vous règle.
Par exemple, vous êtes sous le régime du réel simplifié, vous déclarez et payez votre TVA semestriellement. En juin, vous facturez une vente de bien de 10 000 € HT + 2 000 € TVA et vous livrez le bien. Vous n'êtes réglé qu'en juillet. Vous devez donc porter la TVA collectée sur la déclaration du premier semestre, car votre livraison a été faite au premier semestre. Avant même d'encaisser le montant du bien vendu, vous devez donc régler la TVA de ce bien. Vous faites alors une avance à l'administration fiscale des 20 %. Dans ce type de régime, il est très important, au moment de la vente et de la livraison, de facturer un acompte au moins égal au montant de la TVA. Cela vous évitera d'accabler votre trésorerie d'une lourde charge et d'avoir une augmentation de BFR (voir aussi p. 54).

77
Comment remplir ma déclaration de TVA ?

La déclaration de TVA et le paiement des acomptes doivent aujourd'hui obligatoirement se faire par voie dématérialisée. Pour cela, rendez-vous sur le site www.impots.gouv.fr, rubrique Professionnels. Créez votre accès abonné en saisissant votre numéro SIREN (voir p. 33), votre mail et un mot de passe. Puis laissez-vous guider ! Ensuite, pour remplir votre déclaration de TVA, reportez-vous à l'exemple qui suit.

LE CONSEIL DE L'EXPERT-COMPTABLE

Aujourd'hui, il devient quasiment obligatoire de posséder un compte fiscal sur www.impots.gouv.fr afin de réaliser toutes ses procédures fiscales. Anticipez cette problématique avec votre expert-comptable, car des pénalités pourraient vous être appliquées.

EXEMPLE

Pierre et Antoine ont une entreprise qui vend du cidre avec un conditionnement particulier en petites bouteilles de verre, ce qui fait leur succès. Ils vendent principalement leur production à des restaurateurs. Le taux de TVA est de 20 % sur leurs ventes comme sur leurs achats. Pierre et Antoine effectuent des livraisons, la TVA est donc due à l'administration fiscale dès la livraison du bien. Il s'agit de la première année d'activité de l'entreprise. L'entreprise doit donc établir une déclaration annuelle de TVA (au plus tard dans les premiers jours du mois de mai de l'année N+1), car il est inférieur au seuil du régime du réel normal (783 000 € pour les ventes de marchandises, voir p. 158). Son chiffre d'affaires s'établit à 90 000 € TTC. Son régime d'imposition est donc le réel simplifié.

Pierre et Antoine achètent leur cidre auprès d'une cidrerie artisanale de Normandie. Ils achètent la bouteille 0,55 € HT, soit 0,66 € TTC. La cidrerie lui envoie des factures à payer tous les mois. La somme des factures mensuelles pour l'année N s'élève à 51 000 € TTC. Voici comment établir la déclaration de TVA.

La TVA collectée, c'est-à-dire la TVA sur les ventes réalisées pendant l'année, est de 90 000 € - 90 000 € / 1,2, soit 15 000 €.

La TVA déductible, c'est-à-dire la TVA payée sur les achats effectués pendant l'année, est de 51 000 € - 51 000 € / 1,2, soit 8 500 €.

Sur la déclaration de TVA annuelle CA12 (sur le site www.impots.gouv.fr, onglet Déclarer, puis onglet TVA), les informations à enseigner sont les suivantes :

- Ligne 5A, colonne base HT : 75 000 € (cela calcule automatiquement la taxe due, soit 15 000 €).
- Ligne 20 (TVA déductible) : 8 500 €.

Cela calcule automatiquement en ligne 28 la TVA due, soit 6 500 €.

NB : il s'agit de la première année, il n'y a donc pas eu d'acompte versé. Il faut bien sûr tenir compte des acomptes déjà versés. Cela est mentionné sur la déclaration de TVA CA12. Il est désormais obligatoire d'effectuer des versements d'acomptes de TVA tous les semestres pour le régime réel simplifié.

EXERCICE n° 3

À votre service est une entreprise de prestations de service soumise au régime réel simplifié. Son chiffre d'affaires de l'année s'élève à 40 000 € HT (hypothèse pour l'exemple : toutes ses ventes ont été encaissées). Ses ventes de prestations sont soumises à la TVA au taux normal de 20 %. Dans le même temps, elle a acheté des biens et des services pour un montant de 21 000 € TTC. Établissez sa déclaration de TVA de l'année. Voir le corrigé de l'exercice p. 235..

78
Qu'est-ce que le rapprochement de TVA collectée ?

Toute entreprise doit s'assurer que l'exhaustivité de la TVA collectée a été déclarée : c'est un point fondamental en cas de contrôle par l'administration fiscale. Pour s'en assurer, il faut effectuer ce que l'on appelle un rapprochement de TVA.

EXEMPLE
Antoine a une entreprise de conseil (la TVA est donc déclarée en fonction de ce qui est encaissé et décaissé). Il termine sa deuxième année d'activité. Son chiffre d'affaires comptable HT est de 27 000 € HT. Selon lui, le montant de ses encaissements soumis à TVA est de 22 500 € HT, soit une TVA collectée théorique de 4 500 € (22 500 € x 0,2). Pour s'en assurer, il faut réaliser le rapprochement de TVA suivant.

Voici le montant des créances clients TTC figurant au bilan.

Pour 2013 :

Actif	Passif
Créances clients 8 400	

Pour 2014 :

Actif	Passif
Créances clients 12 600	

Son chiffre d'affaires TTC en 2014 est de 27 000 € x 1,2, soit 32 400 € TTC.

La variation des créances clients TTC est de 4 200 € [12 600 - 8 400].

Les encaissements théoriques TTC de l'année sont donc de 32 400 € - 4 200 €, soit 28 200 €.

Le montant HT correspondant aux encaissements théoriques est de 28 200 € / 1,2 = 23 500 €.

La TVA collectée théorique est donc de 28 200 € - 23 500 €, soit 4 700 €.

Le rapprochement de TVA fait apparaître un écart de 1 000 € de chiffre d'affaires et donc de 200 € de TVA. Après pointage des factures, il apparaît qu'une facture de 1 000 € a été faite sans TVA, en raison d'un oubli. L'écart entre le CA issu du rapprochement [23 500 €] et le CA encaissé de Pierre [22 500 €] est donc expliqué. Ce rapprochement pourra être fourni à l'administration fiscale en cas de contrôle.

LE CONSEIL DE L'EXPERT-COMPTABLE

En pratique, il est obligatoire de pouvoir fournir à l'administration fiscale les preuves de la TVA collectée. Pour cela, il est conseillé de réaliser les factures de vente sur un logiciel de facturation, qui permettra de répondre aux attentes de l'administration fiscale en cas de contrôle. Faites-vous assister par un expert-comptable afin d'anticiper ces points qui peuvent être préjudiciables en cas de défaut.

LES COMPTES ANNUELS : L'HEURE DU BILAN

Vous avez géré votre comptabilité au jour au jour. Une fois par an, vous devez faire un bilan de l'année écoulée, qui récapitule l'ensemble des opérations réalisées.

793

DU LIVRE-JOURNAL À LA LIASSE FISCALE

Différents outils vous permettent de passer de la comptabilité quotidienne à votre bilan annuel. Suivons les différentes étapes, qui vont du livre-journal à la liasse fiscale.

79
Qu'est-ce que le livre-journal ?

On l'a vu plus haut : si vous tenez votre comptabilité quotidienne, les résultats des différents livres comptables sont centralisés, en fin de mois, dans ce que l'on appelle le livre-journal. Certaines entreprises (les plus petites), elles, tiennent toute leur comptabilité dans le même journal comptable : celui correspond alors au livre-journal.

Le livre-journal est la première pierre de l'édifice de la comptabilité. Il sert de base à l'établissement du grand livre (voir p. 170), puis de la balance (voir p. 172) et enfin du bilan et du compte de résultat (voir p. 177).

Journal (écritures comptables) -> Livre-journal -> Grand livre -> Balance -> Bilan et compte de résultat.

EXEMPLE

Reprenons l'exemple du grossiste en robes de la p. 92. S'il a enregistré ses achats et ses ventes sur des journaux différents (ce qui est conseillé), son livre-journal ne fait que centraliser l'ensemble de ces opérations de manière chronologique. Voici ce que cela donne.

Date	Journal	Numéro de compte	Libellé du compte	Débit	Crédit
3/03/2015	Journal des achats	607000	Achat de marchandises	10 000	
	Journal des achats	445660	TVA déductible sur autres biens et services	2 000	
	Journal des achats	401000	Fournisseurs		12 000
05/03/2015	Journal des ventes	411000	Clients	2 640	

Date	Journal	Numéro de compte	Libellé du compte	Débit	Crédit
	Journal des ventes	707000	Vente de marchandises		2 200
	Journal des ventes	445710	TVA collectée		440
31/03/2015	Journal de banque	401000	Fournisseurs	12 000	
	Journal de banque	512000	Banque		12 000
31/03/2015	Journal de banque	512000	Banque	2 640	
	Journal de banque	412000	Clients		2 640

À noter : la somme de la colonne Débit est égale à la somme de la colonne Crédit, comme pour tous les documents comptables (comptabilité en partie double).

80
Qu'est-ce que le grand livre ?

Le grand livre est la somme des journaux par compte. Comme pour tous les documents comptables, ils peuvent être édités à la main ou au moyen d'un logiciel comptable. Chaque compte comptable présente un solde qui est la somme de tous les mouvements.

EXEMPLE

Voici le grand livre du grossiste pour le mois de mars 2015.

Compte 401000 Fournisseurs			
Date	**Libellé**	**Débit**	**Crédit**
3/03/2015	Achat de robes		12 000
31/03/2015	Règlement par chèque	12 000	
31/03/2015	Total	12 000	12 000
31/03/2015	Solde	0	0
Compte 411000 Clients			
Date	**Libellé**	**Débit**	**Crédit**
05/03/2015	Vente de robes	2 640	
31/03/2015	Règlement par chèque		2 640
31/03/2015	Total	2 640	2 640
31/03/2015	Solde	0	0
Compte 445660 TVA déductible			
Date	**Libellé**	**Débit**	**Crédit**
3/03/2015	Facture achat de robes	2 000	
31/03/2015	Total	2 000	
31/03/2015	Solde débiteur	2 000	

Compte 445710 TVA collectée			
Date	**Libellé**	**Débit**	**Crédit**
05/03/2015	Vente de robes		440
31/03/2015	Total		440
31/03/2015	Solde créditeur		440
Compte 512 Banque			
Date	**Libellé**	**Débit**	**Crédit**
31/03/2015	Chèque au fournisseur		12 000
31/03/2015	Règlement du client	2 640	
31/03/2015	Total	2 640	12 000
31/03/2015	Solde créditeur		9 360
Compte 607 Achats de marchandises			
Date	**Libellé**	**Débit**	**Crédit**
3/03/2015	Achat de robes	10 000	
31/03/2015	Total	10 000	
31/03/2015	Solde débiteur	10 000	
Compte 707 Vente de marchandises			
Date	**Libellé**	**Débit**	**Crédit**
05/03/2015	Vente de robes		2 200
31/03/2015	Total		2 200
31/03/2015	Solde créditeur		2 200
TOTAL DU GRAND LIVRE (somme des soldes de tous les comptes)		12 000	12 000

À noter : comme pour tous les autres documents comptables, la somme des débits est égale à la somme des crédits.

81
Qu'est-ce que la balance ?

Il existe trois grands types de balances.

1. LA BALANCE GÉNÉRALE

Elle reprend l'ensemble des comptes du grand livre et recense les soldes par compte ouvert. Des comptes de classe 1 aux comptes de classe 7, vous avez un solde pour chaque compte. Y figurent les mouvements qui ont eu lieu pendant l'exercice, ainsi que les soldes de fin d'exercice pour chaque compte.

À noter : la somme des soldes de votre balance générale doit nécessairement être égale à zéro. En effet, lorsque vous comptabilisez une écriture, elle est toujours équilibrée. Alors, la balance qui regroupe la totalité des comptes doit être équilibrée, donc égale à zéro. La balance est ainsi un outil crucial de contrôle des comptes. À noter : par convention, les soldes débiteurs sont positifs et les soldes créditeurs négatifs.

La balance peut être établie à n'importe quel moment de l'exercice (par exemple, à la fin de chaque mois), à des fins de vérification. Une balance de clôture est également établie en fin d'année afin de préparer le bilan et le compte de résultat.

EXEMPLE

Voici la balance générale au 31 mars 2015 pour le grossiste en robes.

Numéro de compte	Intitulé du compte	Mouvements		Soldes	
		Débit	Crédit	Débit	Crédit
401000	Fournisseurs	12 000	12 000		0
411000	Clients	2 640	2 640	0	
445660	TVA déductible	2 000		2 000	
445710	TVA collectée		440		440
TOTAL CLASSE 4		**16 640**	**15 080**	**2 000**	**440**
512000	Banque	2 640	12 000		9 360
TOTAL CLASSE 5		**2 640**	**12 000**		**9 360**
607000	Achats de marchandises	10 000		10 000	
TOTAL CLASSE 6		**10 000**		**10 000**	
707000	Ventes de marchandises		2 200		2 200
TOTAL CLASSE 7			**2 200**		**2 200**
TOTAL BALANCE		**29 280**	**29 280**	**12 000**	**12 000**

2. LA BALANCE AUXILIAIRE « CLIENTS »

Elle regroupe les soldes par client des sommes qui sont dues à votre entreprise.

La « balance âgée » est un sous-élément de cette balance clients. Elle regroupe les sommes dues par des clients à votre entreprise en fonction de leur ancienneté de date de facture.

LE CONSEIL DE L'EXPERT-COMPTABLE

Pensez à éditer régulièrement votre balance auxiliaire clients et votre balance âgée et à relancer les créances anciennes, qui vous sont dues depuis déjà un certain temps. Sinon, la trésorerie de votre entreprise risque d'en pâtir [voir Besoin en fonds de roulement, p. 54].

Exemple de balance âgée simplifiée

	TOTAL	De 0 à 30 jours	De 31 à 60 jours	De 61 à 90 jours	De 91 à 120 jours	Plus de 120 jours
Client A				2 000	-1 000	1 000
Solde par période	2 000			2 000	-1 000	1 000
Client B		1 500	2 500 -1 200	1 000 -3 000	3 000	1 200
Solde par période	5 000	1 500	1 300	-2 000	3 000	1 200
TOTAL RETARD	7 000	1 500	1 300	0	2 000	2 200

3. LA BALANCE AUXILIAIRE « FOURNISSEURS »

Elle regroupe les soldes que vous devez à vos fournisseurs.

82
Qu'est-ce que le bilan ?

Dans la suite logique décrite p. 168, la balance générale permet ensuite d'établir le bilan et le compte de résultat. Nous reviendrons sur ces deux notions essentielles dans la suite de cet ouvrage. Mais examinons dès maintenant à quoi ils correspondent.

Pour établir le bilan à partir de la balance, on reprend l'ensemble des soldes des comptes de classes 1 à 5.

EXEMPLE
Voici le bilan du mois de mars 2015 pour le grossiste en robes.

Numéro de compte	Intitulé du compte	Actif	Passif
401000	Fournisseurs		0
411000	Clients	0	
445660	TVA déductible	2 000	
445710	TVA collectée		440
512000	Banque		9 360
	Sous-total	2 000	9 800
	Résultat		-7 800
	TOTAL BILAN	9 800	9 800

Le bilan peut être également présenté de la façon suivante.

ACTIF	PASSIF
Clients (ils nous ont payés) 0 Créance de TVA 2 000	Perte de l'exercice -7 800 Fournisseurs (nous les avons payés) 0 Dette de TVA 440 Banque 9 360
TOTAL 2 000	TOTAL 2 000

Pour équilibrer les parties Actif et Passif, il a fallu ajouter une ligne. C'est le résultat de l'entreprise : il est égal au total de l'actif - total du passif. Dans le cas précis, il est négatif : il correspond à la perte de l'exercice.

À NOTER

Dans le bilan, les notions de Débit et de Crédit sont remplacées, respectivement, par celles d'Actif et de Passif. Dans l'esprit, cela ne change rien, nous reviendrons un peu plus loin sur ces deux notions (voir p. 192).

83
Qu'est-ce que le compte de résultat ?

Pour établir le compte de résultat à partir de la balance, on reprend l'ensemble des soldes des comptes de classes 6 et 7.

EXEMPLE

Voici le compte de résultat du mois de mars 2015 pour le grossiste en robes.

Numéro de compte	Intitulé du compte	Charges	Produits
60700	Achats de marchandises	10 000	
70700	Ventes de marchandises		2 200
	Sous-total	10 000	2 200
	Résultat (perte)		-7 800
	TOTAL BILAN	10 000	10 000

À NOTER

- Dans le compte de résultat, les notions de Débit et de Crédit sont remplacées, respectivement, par celles de Produits et de Charges.
- La différence entre les Produits et les Charges est le résultat de l'entreprise.
- Pour une vraie clôture, il aurait fallu valoriser les stocks de l'entreprise, ce qui aurait eu pour conséquence d'augmenter le résultat (ou plutôt de diminuer la perte).

EXERCICE n° 4

Maintenant que vous connaissez la technique pour enregistrer les écritures comptables, et les numéros des principaux comptes, vous pouvez réaliser cet exercice en vous aidant du plan comptable.

Madame Legrand crée son atelier de couture sur-mesure en octobre de l'année N. Voici les opérations qu'elle réalise durant ce mois.

1/10 : elle dépose 15 000 € en banque sur un compte professionnel pour démarrer son activité, ce qui correspond au capital social de sa société.
2/10 : elle contracte un emprunt de 15 000 €. Cette somme est virée sur son compte professionnel.
2/10 : elle paie par chèque sa cotisation d'assurance mensuelle de 130 € TTC.
2/10 : elle achète 5 000 € HT de matières premières.
3/10 : elle retire 200 € en espèces pour alimenter sa caisse.
4/10 : elle achète du mobilier afin d'équiper son atelier pour un montant de 1 000 € HT. Elle règle immédiatement.
5/10 : elle paie son premier loyer mensuel de 800 €.
10/10 : elle vend à un client trois costumes sur-mesure, pour une valeur de 3 000 € HT au total.
25/10 : elle règle 200 € TTC d'honoraires de son expert-comptable par chèque.
26/10 : elle achète des enveloppes, en espèces, pour un montant de 50 € TTC.
30/10 : la banque prélève des frais de tenue de compte de 25 €.
31/10 : elle reçoit et dépose en banque le règlement de 3 600 € TTC de son client effectué par chèque.

Cet exercice se déroule en trois étapes :

1. Inscrivez toutes ces opérations sur le livre-journal du mois d'octobre de l'année N, et établissez le grand livre.
2. Réalisez ensuite la balance des comptes du mois d'octobre de l'année N.
3. Établissez enfin le bilan et le compte de résultat.

Retrouvez les corrigés de cet exercice en p. 236.

84
Qu'est-ce que la liasse fiscale ?

La liasse fiscale se compose des états fiscaux produits par l'entreprise ou son expert-comptable lors de la clôture de l'exercice fiscal. Elle est transmise à l'administration fiscale pour le calcul de l'impôt à régler sur la période en fonction du régime d'imposition (IR ou IS).

La liasse fiscale concerne toutes les entreprises, quel que soit leur statut (sauf les auto-entrepreneurs). Elle contient une déclaration de résultats, différente selon le régime d'imposition (2065 pour les sociétés soumises à l'IS, 2035 [BNC] ou 2031 [BIC] pour les sociétés soumises à l'IR) et un certain nombre de documents mis au format de l'administration fiscale. Ils ont pour rôle de fournir tous les détails justifiant la déclaration de résultats :

- un bilan actif ;
- un bilan passif ;
- un compte de résultat ;
- un compte de résultat fiscal (formulaire à part entière pour les entreprises au réel normal) ;
- les éléments hors bilan (exemple : composition du capital social, tableau des filiales et participations).

À NOTER

La liasse fiscale est d'abord et avant tout une obligation fiscale justifiant de l'impôt à payer. Mais elle est aussi de plus en plus demandée par des tiers (banques, clients, fournisseurs...) pour analyser la bonne santé de l'entreprise.

85

Quelle est la différence entre un compte de résultat et un compte de résultat fiscal ?

Le résultat comptable est la différence entre les produits (majoritairement votre chiffre d'affaires) et vos charges. Il existe des charges qui ont été comptabilisées au sens comptable, alors qu'elles ne sont pas admises à déduction par l'administration fiscale. L'imprimé 2058 A (détermination du résultat fiscal) sert à les réintégrer. Ces réintégrations obligent à corriger à la hausse le résultat comptable pour obtenir le résultat fiscal (qui sera donc forcément différent). C'est au résultat fiscal que l'on applique le taux d'impôt sur les sociétés.

On trouve plusieurs types de charges à réintégrer.

- **Les dépenses qualifiées de somptuaires par l'administration fiscale.** Exemple : vous avez acheté sur le compte de la société un véhicule de luxe. Vous comptabilisez donc les amortissements de cet équipement sur la société. Ces amortissements annuels doivent être réintégrés dans le bénéfice imposable de l'entreprise.
- **La TVTS (taxe sur les véhicules de tourisme et de société).** Quand vous disposez d'un véhicule de tourisme qui appartient à votre entreprise dont la valeur est supérieure à un certain seuil, vous devez vous acquitter de cette taxe. Or, elle n'est pas déductible fiscalement. Elle doit donc être réintégrée.
- **Les amortissements excédentaires.** Contrairement aux véhicules utilitaires (2 places) qui peuvent être amortis en totalité, l'amortissement des véhicules classés dans la catégorie voitures particulières (berlines, breaks, cabriolets, voitures familiales...) est limité à 18 300 € (pour un taux d'émission de CO_2 inférieur ou égal à 200 g/km) ou à 9 900 € pour ceux émettant plus de 200 g/km. Il faut alors réintégrer fiscalement la quote-part d'amortissement conséquente sur les fractions

supérieures à ces seuils. Le taux d'émission de CO_2 est indiqué sur la carte grise ou la documentation technique du véhicule. La durée d'amortissement d'un véhicule est généralement de 5 ans.

EXEMPLE
Une personne achète le 1er avril de l'année N une voiture particulière émettant 152 g de CO_2/km pour 30 000 €.

Le montant de l'amortissement comptable pour l'année N est donc de 30 000 x 9/12 x 20 % = 4 500 €.

Le montant de l'amortissement excédentaire est de (30 000 € - 18 300 €) x 9/12 x 20 % (puisque le véhicule est amorti sur 5 ans) = 1 755 €. C'est la somme à réintégrer sur le résultat fiscal.

- **Les amendes et les pénalités fiscales.**
- **Les éléments imposés moins fortement que 33 % (IS)** : ce sont les déductions. Cela concerne notamment les plus values (rappel : quand votre entreprise est détenue majoritairement par des personnes physiques, le taux d'IS est de 15 % pour la fraction du résultat inférieure à 38 120 €).

LA PRÉPARATION DU BILAN ET DU COMPTE DE RÉSULTAT

Une fois la liasse fiscale établie, il reste quelques étapes pour établir le bilan et le compte de résultat.

86
Qu'est-ce que le report à nouveau ?

À chaque clôture d'exercice, une entreprise soumise à l'IS doit réaliser un procès-verbal d'approbation des comptes annuels. Lors de ce procès-verbal, elle peut décider ou non de distribuer le résultat de l'entreprise (si ce résultat est positif bien sûr !) sous forme de dividendes.

Si elle décide de ne pas distribuer les dividendes, **la totalité du résultat (compte 12 = comptes de classe 7 – comptes de classe 6) sera portée dans un compte de report à nouveau (compte 11).** Le report à nouveau créditeur est donc égal à la somme des résultats non distribués depuis la création de l'entreprise.

Si votre entreprise est en perte (donc impossible de distribuer des dividendes), le report à nouveau serait débiteur : il viendrait donc diminuer d'autant vos capitaux propres.

87
À quoi correspondent les provisions pour risques et charges ?

Lorsque vous avez connaissance, à la clôture des comptes, d'un événement susceptible d'entraîner un paiement de votre part ou une condamnation de votre part à payer quelque chose dans l'avenir, vous avez la possibilité de constituer des provisions pour risques et charges : c'est le compte 15.

Les provisions les plus classiques sont les provisions pour litige (compte 1511), notamment les provisions pour litiges prud'homaux, c'est-à-dire quand un salarié vous attaque aux Prud'hommes suite à un licenciement qu'il aurait jugé abusif (voir question suivante).

Le résultat de l'année en cours est donc grevé d'une charge, car la contrepartie d'une provision est une dotation aux provisions, donc un compte de charges. Attention : une provision doit toujours répondre à la définition d'un passif, c'est-à-dire : existence d'une obligation à la clôture et sortie de ressource probable à la date d'arrêté des comptes (hors des capitaux propres). La provision doit pouvoir être estimée de façon fiable.

LE CONSEIL DE L'EXPERT-COMPTABLE

Ne faites pas l'autruche lorsque vous avez des litiges avec des tiers, notamment des salariés ! Prenez-les en compte, même si le litige peut survenir 2 ans plus tard. N'hésitez pas à en parler à votre expert-comptable.

88
Comment comptabiliser des provisions pour risques et charges ?

Prenons un exemple : suite à un licenciement, un salarié vous convoque aux Prud'hommes et demande la somme de 15 000 € à titre de réparation, car il estime son licenciement sans cause réelle et sérieuse. Votre avocat vous indique que vous allez avoir une somme à payer concernant ce litige. Voici l'écriture comptable à passer dès la connaissance du litige, et dès que vous pouvez l'estimer de façon fiable.

Numéro de compte	Intitulé du compte	Débit	Crédit
687500	Dotation aux provisions pour risques et charges	15 000	
151100	Provisions pour litige		15 000

Suite à une négociation entre votre avocat et l'avocat de votre ex-salarié, les deux parties trouvent un accord pour une indemnité transactionnelle s'élevant à 12 000 € le 15 octobre N+1. Voici les écritures à comptabiliser.

Numéro de compte	Intitulé du compte	Débit	Crédit
	15/10/N+1		
151100	Provisions pour litige	15 000	
787500	Reprise sur provisions pour risques et charges		15 000
648000	Indemnités transactionnelles	12 000*	
512000	Banque		12 000

*Pour des raisons de simplification de l'exercice, nous ne tenons pas compte des charges sociales.

89
Comment faire un inventaire des stocks ?

La principale différence entre les deux exemples de bilans donnés p. 199 (celui du consultant et celui du commerçant) réside dans l'inventaire des stocks en fin d'exercice comptable. Il est fondamental de faire un inventaire exhaustif et formalisé à chaque fin d'exercice (et au moins une fois par an), en cas de contrôle par l'administration fiscale. Ceci est inscrit dans le code de commerce. Si vous n'êtes pas en mesure de produire un inventaire en cas de contrôle, les conséquences peuvent être très importantes, voire dramatiques, pour l'entreprise (amendes, pénalités, majorations). La tenue d'un inventaire est donc absolument obligatoire.

Pour réaliser cet inventaire, il faut tenir un livre d'inventaire. Il s'agit d'un tableau Excel avec :

- la quantité de marchandises ;
- le prix unitaire d'achat (les stocks sont toujours valorisés à leur coût d'achat et non à leur coût éventuel de vente) ;
- le prix total des marchandises (quantité x prix unitaire) = valeur du stock.

Cet inventaire doit être imprimé et signé en fin d'année.

LE CONSEIL DE L'EXPERT-COMPTABLE

Aujourd'hui, des logiciels permettent d'évaluer de manière automatique les stocks en fonction des approvisionnements et des ventes. Mais les erreurs sont toujours possibles. Et il est donc indispensable de réaliser un inventaire physique pour contrôler le stock réel.

EXEMPLE

Monsieur Marcel a lancé une start-up qui a plusieurs points de vente au niveau national, et qui répare les écrans de téléphones portables. Afin de répondre à la demande au plus vite, il a besoin d'avoir un stock conséquent d'écrans neufs. Il existe trois types d'écrans pour réparer les téléphones de marques A, B et C. Un écran de marque A coûte 12 € HT à l'achat, un écran de la marque B, 9 €, et un écran de la marque C, 8 €.

Au 31/12/N, un inventaire physique des écrans en stock doit être réalisé. Voici les résultats de l'inventaire.

	Quantité	Prix d'achat HT	Total
Écrans A	20	12	240
Écrans B	8	9	72
Écrans C	14	8	112
Total			424

90
Comment comptabiliser une variation de stocks ?

Suite à l'inventaire, une écriture de variation des stocks (différence entre le stock du début d'exercice et le stock de la fin d'exercice) doit être comptabilisée.

- Si, entre les deux exercices votre stock a augmenté, vous devrez passer une écriture de produit (compte 713).
- Si le stock a diminué, vous devrez passer une écriture de charge (compte 603).

EXEMPLE

Reprenons le cas de monsieur Marcel. Au 31/12/N-1, son stock s'élevait à 500 € HT. Sa variation de stock entre le 31/12/N-1 et le 31/12/N est donc de 500 € - 424 €, soit 76 €. Son stock a donc diminué, il faut passer une écriture de charge. Voici donc l'écriture à comptabiliser.

Numéro de compte	Intitulé du compte	Débit	Crédit
603100	Variation de stocks	76	
311000			76

BILAN ET COMPTE DE RÉSULTAT : MODE D'EMPLOI

Les « comptes annuels » rassemblent la comptabilité de l'année, et sont divisés en deux grandes familles : le bilan et le compte de résultat. Voici comment les réaliser.

91
Qu'est-ce que l'actif ?

Avant de commencer à entrer dans le détail du bilan et du compte de résultat, il est nécessaire de faire un point sur deux notions importantes : l'actif et le passif.

L'actif pourrait se définir de la manière suivante :
- D'un point de vue **entrepreneurial**, c'est un élément du patrimoine qui a une valeur positive : il va permettre de générer des ressources.
- D'un point de vue **financier**, c'est l'ensemble des emplois permis par les fonds de l'entreprise.
- D'un point de vue **bilantiel**, c'est la partie gauche du bilan (qui correspond aussi au débit). Les comptes d'actif sont quasiment toujours débiteurs.

On distingue deux types d'actifs :
- **L'actif immobilisé** est la somme des immobilisations. Il a vocation à durer plus de 1 an.
- **L'actif circulant** est, comme son nom l'indique, la somme de « ce qui circule » : stocks, trésorerie... Il a vocation à être renouvelé sans cesse lors d'un exercice comptable.

Actif immobilisé + Actif circulant = **Total de l'actif**

92
Qu'est-ce que le passif ?

Le passif regroupe les dettes que votre entreprise a contractées vis-à-vis des tiers. Voici les grandes rubriques du passif :

- **Les capitaux propres** : on part du principe que l'entreprise a une dette vis-à-vis des associés ou actionnaires. C'est un élément très important du bilan, et aussi un élément très suivi par les banques.
- **Les dettes fournisseurs** : ce sont les factures que l'entreprise n'a pas encore réglées, car le fournisseur a accordé un délai de paiement (30 jours par exemple).
- **Les dettes fiscales et sociales.** Les dettes sociales (Urssaf) sont à régler au 15 du mois suivant la fin du trimestre. Comme ces dettes sont à payer au 1er trimestre N+1, il est logique que les dettes sociales du dernier trimestre figurent en dettes à votre bilan au 31/12/N.
- **Les emprunts bancaires.** Ils diminuent d'année en année, en fonction du remboursement du capital (débit d'un compte de classe 16). Le paiement des intérêts passe, lui, dans les charges financières (compte 66).
- **Les comptes courants associés.** Quand l'entreprise est à cours de trésorerie, les associés peuvent être amenés à prêter de l'argent à l'entreprise. Cette opération est traduite comptablement dans les comptes courants d'associés (comptes 45 et sous-comptes). L'entreprise a donc une dette vis-à-vis de l'associé qui a injecté de l'argent dans l'entreprise. Attention : il est impossible que les comptes courants soient débiteurs, c'est-à-dire que l'associé doive de l'argent à l'entreprise, sous peine de requalifier ce flux financier en abus de bien social. Il y a donc un risque pénal à cela. Si l'entreprise dispose de trésorerie et que les associés veulent la récupérer, il faut se soumettre à la procédure soit de distribution de dividendes, soit de la rémunération avec charges sociales.
- **Les produits constatés d'avance.** Ils correspondent à une correction de chiffre d'affaires facturé en trop, car la livraison ou la fin de la prestation interviendra en N+1. Il est donc logique que la contrepartie de la diminution du chiffre d'affaires (débit d'un compte de classe 7) par le crédit d'un compte 487 se trouve au passif de l'entreprise.

93
Quelle est la différence entre le bilan et le compte de résultat ?

À la fin de l'année, les différents comptes qui ont permis d'enregistrer les diverses opérations comptables sont regroupés en deux grandes familles de comptes. On parle alors de « comptes annuels ».

- **Les comptes de bilan** permettent de connaître le patrimoine de l'entreprise à la fin de l'année comptable écoulée (et donc de faire le point sur l'évolution de ce patrimoine en comparant ce bilan avec celui de l'année comptable précédente). C'est une photo à un instant T.
  - Le bilan regroupe l'actif et le passif.
  - Ces comptes commencent par les chiffres 1 à 5.
  - L'actif regroupe les créances (créances clients par exemple), les disponibilités (comptes de classe 5, de banque et de disponibilités) et les immobilisations.
  - Le passif regroupe les dettes ou emprunts que l'entreprise a vis-à-vis de tiers, et le capital social qui est considéré comme dû par l'entreprise aux associés fondateurs.
- **Les comptes de résultat** donnent une vision globale sur l'activité de l'entreprise durant l'année comptable écoulée. Ils fonctionnent par flux et donnent donc le bénéfice ou la perte de l'entreprise, dans sa dernière ligne (agrégat fondamental). Les comptes de résultat comptabilisent les charges (comptes de classe 6) et les produits (comptes de classe 7).

Ces deux familles de comptes doivent être prises en compte toutes les deux pour déterminer la bonne santé et la viabilité de l'entreprise.

EXEMPLE 1

Une entreprise peut présenter un bilan satisfaisant, mais un compte de résultat médiocre. Cela signifie qu'elle a un patrimoine important, qu'elle a accumulé dans le passé, mais que son activité n'est pas très dynamique.

EXEMPLE 2

Une entreprise peut, à l'inverse, présenter un bilan médiocre, mais un très bon compte de résultat. Cela signifie qu'elle a accumulé de nombreuses dettes pour démarrer son activité, mais qu'elle a été très dynamique au cours de l'année.

94
Comment faire un compte de résultat ?

Les comptes de résultat doivent concentrer toute votre attention tout au long de votre activité. Pour bien comprendre leur intérêt, on peut dire que c'est grâce à ces comptes que vous allez voir si vous gagnez ou perdez de l'argent.

COMMENT CALCULER LE RÉSULTAT DE L'ENTREPRISE ?

Somme des comptes de classe 7 (produits HT ou factures émises) - Somme des comptes de classe 6 (charges HT ou dépenses) = résultat de l'entreprise.
Attention, ce résultat est toujours hors TVA, car les comptes de classe 6 et de classe 7 sont HT.

À RETENIR

» Vous réalisez un bénéfice quand les produits sont supérieurs aux charges.
» Vous réalisez une perte quand les charges sont supérieures aux produits.

Le compte de résultat se présente en deux grandes parties :

- La partie de gauche présente les charges HT (dépenses) de l'entreprise.
- La partie de droite présente les produits HT (factures émises) de l'entreprise.
- Le résultat apparaît soit dans la partie de gauche, quand il s'agit d'un bénéfice), soit dans la partie de droite (quand il s'agit d'une perte).

Charges	Produit
Bénéfice	

Charges	Produits
	Perte

EXEMPLE

Prenons l'exemple d'un consultant, qui a choisi la méthode de la comptabilité d'engagement (voir p. 49). Pendant cette année comptable :

- il a payé, pour ses locaux, un loyer de 5 000 € ;
- il s'est accordé une rémunération de 20 000 €. Il doit donc payer environ 40 % de charges sociales, soit 8 000 € (ce qui est reporté dans la case Charges sociales RSI) ;
- il a vendu ses services à hauteur de 40 000 €, ce qui représente la somme des factures qu'il a émises. Le total des produits est de 40 000 €.

À NOTER

Il paiera effectivement ces charges sociales en année N+2 mais, comme il a choisi la comptabilité d'engagement, on les note ici. Le total des charges est donc de 33 000 €.

Conclusion : comme le total des produits est de 40 000 € et celui des charges de 33 000 €, on en déduit qu'il a réalisé au cours de la période un résultat de 7 000 €, c'est-à-dire un bénéfice.

Loyer	5 000	Vente de prestations de services (somme des factures émises)	40 000
Rémunération	20 000		
Charges sociales RSI*	8 000*		
TOTAL Charges	**33 000**	**TOTAL Produits**	**40 000**
Bénéfice	**7 000**		
TOTAL	**40 000**	**TOTAL**	**40 000**

* Vous en êtes dispensé si vous étiez au chômage et si vous avez créé votre entreprise (12 mois d'exonération) grâce au dispositif de l'ACCRE (voir p. 27).

LE CONSEIL DE L'EXPERT-COMPTABLE

Attention : le résultat n'est pas la trésorerie. Un résultat élevé ne préjuge pas d'une augmentation de trésorerie. Si, par exemple, vous avez édité une facture importante en fin d'année en octroyant un long délai de règlement à votre client, vous aurez certes un bon résultat, mais votre trésorerie n'aura pas augmenté. Voilà pourquoi il est important de garder un œil sur la trésorerie de l'entreprise, qu'il faut sans cesse mettre en regard avec le compte de résultat.

95
Comment faire un bilan ?

On a coutume de dire que le bilan est la photographie de l'entreprise. Il représente le bilan de son patrimoine à la date de clôture des comptes.

Comme le compte de résultat, le bilan est divisé en deux grandes parties :
- La partie de gauche est celle de l'actif, c'est-à-dire ce que l'entreprise possède.
- La partie de droite est celle du passif, c'est-à-dire ce que l'entreprise doit (ses dettes) + ses capitaux propres (qui sont théoriquement dus aux associés).

Actif	Capitaux propres
	Dettes

EXEMPLE
Reprenons l'exemple du consultant utilisé pour le compte de résultat (voir p. 197). Pendant cette année comptable, du côté du passif :
- Il a investi 20 000 € au départ en capital social. (À ce stade, quand l'argent est mentionné dans le capital social, l'entrepreneur ne peut plus y toucher. Il appartient désormais à l'entreprise et non au dirigeant. L'entreprise peut l'utiliser dans les limites de son intérêt social.)
- Le résultat de 7 000 € (déterminé lors du compte de résultat) est ici reporté au passif. Pourquoi ? Le résultat est en réalité une dette qu'a l'entreprise sur les associés fondateurs. En effet, quand le résultat est positif, les associés ont la possibilité de se le distribuer en dividendes. À noter : le résultat est le seul élément de compte qui figure au compte de résultat de l'entreprise et au bilan de l'entreprise.
- Il a une dette de RSI de 8 000 €, qui ne sera régularisée qu'en année N+2.

Du côté de l'actif :

- Il a acheté un ordinateur pour 1 000 € le 31 décembre de l'année N. L'actif immobilisé est donc de 1 000 €.
- Il a accordé une facilité de règlement à son client à 6 mois pour 20 000 €.

Le résultat a beau être positif de 7000 €, la trésorerie a diminué de 6 000 € de capital social.

Analyse : à l'actif du bilan, les créances clients sont élevées (20 000 €) : c'est logique, car le chef d'entreprise a accordé 6 mois de délai (attention : c'est une pratique déconseillée, voir p. 216). La trésorerie de l'entreprise ressort à 14 000 €, alors que 20 000 € ont été investis par le dirigeant. 6 000 € ont donc été consommés, alors que le résultat est positif de 7 000 €. Cela s'explique en grande partie par la facilité de règlement accordée au client.

	Valeur brute	Amortissement provisions	Valeur nette		Valeur nette
Immobilisations incorporelles	0		0	Capital	20 000
Immobilisations corporelles *	1 000		1 000	Réserves	0
				Résultat	7 000
Actif immobilisé	**1 000**		**1 000**	**Capitaux propres**	**27 000**
				Dettes financières	0
Créances clients	20 000		20 000	Dettes fournisseurs	0
Trésorerie	14 000		14 000	Dettes fiscales et sociales (RSI)	8 000
Actif circulant	**34 000**		**34 000**	**Dettes**	**8 000**
TOTAL actif	**35 000**		**35 000**	**Total passif**	**35 000**

**Pour la simplicité de l'exemple, nous considérons que l'ordinateur a été acquis le 31 décembre de l'année N.*

EXEMPLE

Prenons maintenant l'exemple d'une petite entreprise de bijoux, qui achète et revend de la marchandise, et dispose donc de stocks. Ceux-ci doivent faire partie intégrante du bilan. L'exemple est le suivant. Caroline a décidé de créer sa propre entreprise de bijoux, *Superbijoux*. Le capital de départ injecté par la fondatrice est de 10 000 €. Caroline achète de la matière première, qu'elle assemble afin de revendre les produits finis. Elle demande également à ses meilleures amies d'être ses ambassadrices et d'organiser des ventes pour son compte. Les affaires commencent à bien marcher...

Au terme de sa première année d'activités, du côté du passif :

- Elle a injecté 10 000 € de capital social.
- Son résultat est de : 18 000 € (ventes) - 5 000 (achats de marchandises) + 1000 € (variation de stocks) - 166 € (dotation aux amortissements) = 13 834 €.

Du côté de l'actif :

- Caroline a acheté un ordinateur le 1er juillet de l'année N pour 1 000 €. On considère que cet ordinateur est amortissable sur 3 ans, ce qui revient à 166,6 € (arrondi à 166 €) pour la demi-année d'utilisation.
- À la fin de l'année, Caroline réalise son inventaire. Il lui reste 1 000 € de stocks (valorisé au prix d'achat).
- Caroline a mis à la disposition de sa meilleure amie 2 000 € de produits finis. Elle a accordé 6 mois de délai pour le paiement. La vente a eu lieu le 3 novembre de l'année N.

Voici le bilan :

	Valeur brute	Amortis-sement provisions	Valeur nette		Valeur nette
Immobilisations incorporelles	0		0	Capital	10 000
Immobilisations corporelles (ordinateur)	1 000	166	834	Réserves	0
				Résultat	13 834
Actif immobilisé	**1 000**	**166**	**834**	**Capitaux propres**	**23 834**
Stocks	1 000		1 000	Dettes financières	0
Créances clients	2 000		2 000	Dettes fournisseurs	0
Trésorerie	20 000		20 000	Dettes fiscales et sociales (RSI)	0
Actif circulant	**23 000**		**23 000**	**Dettes**	**0**
TOTAL actif	**24 000**	**166**	**23 834**	**Total passif**	**23 834**

96
Qu'est-ce que l'annexe ?

Pour les grandes entreprises, un bilan doit regrouper les chapitres suivants :

- bilan (actif/passif),
- compte de résultat,
- annexe. L'annexe est un document régi par le plan comptable général. Les paragraphes de l'annexe sont normés par ce code. Elle regroupe les principales méthodes comptables utilisées par l'entreprise. Et des tableaux d'évolution des différents postes du bilan.

En fonction de votre chiffre d'affaires et d'autres critères, vous devez établir soit une annexe de base, soit une annexe simplifiée, ou bien vous êtes dispensé d'annexe.

- Les obligations comptables des micro-entreprises ont récemment été allégées. Celles qui ne dépassent pas des trois seuils ci-dessous sont dispensées d'annexe et ne sont pas obligées de publier leurs comptes au greffe du tribunal de commerce. Les seuils sont les suivants :
  - Total bilan inférieur à 350 000 €.
  - CA inférieur à 700 000 €.
  - Nombre de salariés inférieur à 10.
- Pour les entreprises, les seuils sont les suivants :
  - Total bilan inférieur à 4 millions €.
  - CA inférieur à 8 millions €.
  - Nombre de salariés inférieur à 50.

    Il faut alors établir une annexe simplifiée des comptes, à publier au greffe du tribunal de commerce.
- Pour les entreprises dépassant deux des trois critères ci-dessus, vous pouvez créer une annexe de base, avec plus de rubriques.

97
Comment clôturer un exercice et en ouvrir un nouveau ?

À chaque clôture comptable, les comptes de bilan ne sont pas purgés et mis à zéro, mais gardent le même solde pour être reportés en début d'exercice suivant. C'est la différence majeure avec les comptes de charges et de produits, qui sont remis à zéro en début de chaque exercice comptable.

En fin d'exercice, on fait la différence entre les comptes de classe 6 et ceux de classe 7. Le résultat se retrouve dans un compte de capitaux propres (comptes de classe 12, voir p. 109).

Une fois que la liasse fiscale est établie (voir p. 179), il faut clôturer l'exercice. Quand l'exercice est clôturé, il n'est plus possible de toucher aux écritures. En pratique, il suffit d'appuyer sur la touche « clôturer » du logiciel de comptabilité. Le logiciel met alors les comptes de classe 6 et 7 à zéro, ce qui génère automatiquement l'écriture de l'affectation du résultat (compte de classe 12). S'il n'y a pas de distribution de dividende, l'intégralité du résultat (compte de classe 7 - comptes de classe 6) se retrouve dans un compte de classe 12 (compte de capitaux propres). Si vous vous distribuez un dividende, le compte de capitaux propres est diminué du dividende.

98
Quelles sont les grandes dates clés de l'année comptable et fiscale à ne pas rater ?

Classées par catégories, voici les grandes dates approximatives de l'année comptable et fiscale.

TVA

Régime réel simplifié

- Vers juillet : paiement du premier acompte ;
- Vers le 24 décembre : paiement du deuxième acompte ;
- 5 mai N+1 : déclaration annuelle sur l'année N-1/

Régime réel normal

- Déclaration tous les mois, date limite vers le 20 du mois.

(consultez votre espace sur www.impots.gouv.fr rubrique Déclarer/TVA/ Déclarer)

CFE (Cotisation foncière des entreprises)

- Vers le 15 décembre

CVAE (Cotisation sur la valeur ajoutée des entreprises)

- Vers le 5 mai

Rappel : si votre CA est inférieur à 500 000 €, vous n'êtes pas redevable de cette taxe.

Taxes d'apprentissage et de formation professionnelle continue

- Vers le 1er mars. Il s'agit des taxes d'apprentissage et de formation professionnelle continue.

Impôt sur les sociétés

- Vers le 15 mars : 1er acompte ;
- Vers le 15 mai : solde de l'IS de N-1 ;
- Vers le 15 juin : 2e acompte ;
- Vers le 15 septembre : 3e acompte ;
- Vers le 15 décembre : 4e acompte.

Impôt sur le revenu

- Tous les mois si vous êtes mensualisé ;
- Vers le 15 février : 1er acompte ;
- Vers le 15 mai : 2e acompte ;
- Vers le 19 mai : déclaration de revenus, version papier ;
- Vers le 26 mai : déclaration Internet pour les départements 1 à 19 ;
- Vers le 2 juin : déclaration Internet pour les départements 20 à 49 ;
- Vers le 9 juin : déclaration Internet pour les autres départements ;
- Vers le 15 septembre : solde.

LE CONSEIL DE L'EXPERT-COMPTABLE

Si votre revenu varie de façon importante d'une année sur l'autre, nous vous conseillons, lors du paiement de vos acomptes, de calculer votre impôt « à l'avance », grâce au simulateur fourni sur le site www.impots.gouv.fr. Une fois cette simulation réalisée, vous divisez le montant de l'impôt obtenu par trois et vous modifiez, lors du paiement de votre tiers d'impôt, le montant de l'acompte. Attention : si le calcul est erroné de plus ou moins 15 %, des pénalités vous seront appliquées par l'administration fiscale. Rapprochez-vous de votre expert-comptable.

Déclaration 2035

- 5 mai : date limite de dépôt directement auprès du SIE.

DSI

- 19 mai : date limite de dépôt pour le format papier.
- 9 juin : date limite de dépôt pour le formulaire sur Internet à l'adresse suivante, www.net-entreprises.fr.

Liasse fiscale (envoi des bilans)

- 5 mai

(Formulaire 2033 pour le simplifié : bilan, compte de résultat et tableau annexe/Formulaire 2050 et autres pour le régime réel normal.)

POUR ALLER PLUS LOIN…

Vous souhaitez vendre ou transmettre votre entreprise ? Voici les principales données à connaître pour le faire dans les meilleures conditions.

99
Que se passe-t-il lors de la vente de l'entreprise ?

Il existe de nombreux abattements sur les plus-values des entreprises, en fonction des différentes situations.

- **Vous partez à la retraite et vous cédez donc votre entreprise** : vous bénéficiez d'un abattement fixe de 500 000 €. Le montant supérieur à 500 000 € doit être mentionné en case 3UA. Vous serez imposé uniquement à la CSG (15,5 %). Ce régime est donc très favorable si vous partez à la retraite.

EXEMPLE

Vous faites une plus-value de 600 000 € lors de la vente de votre entreprise. Vous déclarez en case 3UA la somme de 100 000 €. Vous avez donc un impôt à payer de 15 500 € de CSG.

- **Vous ne partez pas à la retraite.** Dans ce cas de figure, plusieurs situations peuvent se présenter.
  1. Vous détenez les titres de la société depuis plus de 2 ans, mais moins de 8 ans. Vous bénéficiez d'un abattement de 50 % de la plus-value.
  2. Vous détenez les titres de la société depuis au moins 8 ans : vous bénéficiez d'un abattement de 65 %.
  3. Vous détenez les titres de la société depuis au moins 8 ans et vous êtes rentré dans le capital de l'entreprise dans les 10 premières années de sa création : vous bénéficiez alors d'un abattement renforcé de 85 %.

100
Comment transmettre son entreprise à ses enfants ?

Vous bénéficiez d'un abattement sur les droits de succession de 75 % si vous placez la transmission de votre entreprise dans ce que l'on appelle un « pacte Dutreil ». Cela implique que vous et vos héritiers vous engagez à conserver les parts de l'entreprise pendant un certain temps. Parlez-en à votre expert-comptable et autres conseillers : c'est un point très important qui peut faire que votre entreprise perdure dans le temps.

Ceci n'est valable que pour les entreprises exerçant une activité industrielle, commerciale, artisanale, agricole ou libérale. Ceci est réservé aux entreprises. Ce n'est bien entendu pas valable pour une SCI (société civile immobilière), qui est un actif immobilier pour lequel les abattements sont pus faibles. L'administration fiscale a octroyé cet abattement de 75 % afin que les emplois soient conservés et que les transmissions d'entreprises se fassent à moindre coût.

COMMENT UNE COMPTABILITÉ À JOUR PEUT VOUS MENER VERS LE SUCCÈS ?

LES 9 RÈGLES D'OR

793

Règle d'or n° 1
facturez au fur et à mesure, et le plus tôt possible

Ce point est essentiel pour pouvoir encaisser les créances. Ne traînez pas dans la facturation, car cela peut être un point très handicapant pour l'entreprise.

Règle d'or n° 2
encaissez rapidement, voire immédiatement, vos factures. Le succès et la rentabilité de votre entreprise en dépendent !

Le résultat se rapproche de la trésorerie quand on encaisse vite les factures. Pour cela, il existe deux astuces :

- Si vous le pouvez, mettez en place des prélèvements client afin que les factures puissent être encaissées le plus rapidement possible. Renseignez-vous auprès de votre banque. Si vos clients sont réticents, vous pourrez leur dire que, depuis la nouvelle norme SEPA, ils peuvent annuler le prélèvement s'ils ne sont pas d'accord. Un bon argument pour passer au prélèvement !
- Si vous avez une activité de vente en ligne, faites régler les clients en ligne soit par PayPal, soit par des plateformes de type Rentabiliweb ou Be2bill. Certes, une commission est prélevée, mais vous êtes sûr d'encaisser l'argent très vite.

Règle d'or n° 3
suivez attentivement votre taux de marge

Les marges sont le moteur d'une entreprise. Suivez-les de manière attentive, et n'hésitez pas à réagir rapidement si vous constatez que vos marges diminuent. Voir aussi p. 58.

Règle d'or n° 4

veillez à la séparation des exercices

Ce n'est pas parce qu'une facture est reçue en N+1 et datée en N+1 qu'il ne faut pas la comptabiliser (voir factures non parvenues, p. 116). Certains fournisseurs mettent du temps à facturer. Certes, c'est positif pour votre trésorerie (car vous ne payez pas tout de suite une livraison effectuée ou une prestation rendue) mais, au niveau comptable, il vous faut traduire l'engagement dans vos comptes de l'exercice.

Vous devez donc le comptabiliser à la clôture de l'exercice, en rapprochant les devis pour lesquels vous avez donné votre accord avec les factures reçues. Si toutes les factures ne sont pas reçues, il peut être pertinent de comptabiliser l'engagement en facture non parvenue.

Règle d'or n° 5
faites un budget de trésorerie, même approximatif, pour les mois suivants

Listez ce que vous allez devoir payer : Urssaf, impôt sur les sociétés, salaires, TVA... Et posez-vous la question : allez-vous avoir assez de trésorerie pour financer ces sommes ?

Règle d'or n° 6
différenciez-vous de la concurrence

Afin de préserver vos marges, il faut que vous ayez une certaine avance sur vos concurrents. En fonction des secteurs, l'avance peut se concrétiser de différentes façons.

- Dans la restauration, il peut s'agit de l'emplacement (il peut faire toute la différence !) ou d'un concept. (Par exemple, vous êtes le seul à proposer des hamburgers de grande qualité, avec une marque adossant votre activité.)
- Dans le domaine de la mode, la différence réside dans la force créative. Tous les ans, vous devez créer la tendance.
- Dans les services à la personne, la satisfaction des clients est fondamentale. C'est cela qui pourra vous différencier des autres.

En règle générale, il faut tout faire pour vous différencier, vous sortir de la concurrence du prix. Beaucoup plus de gens sont prêts à payer plus cher si le produit est mieux fait ou si le service rendu est meilleur. La marge est importante. Si vous avez des arguments différenciants, tenez vos prix !

Règle d'or n° 7
soyez précis lors de votre inventaire

Si vous avez une activité à stocks, ne les perdez pas de vue ! Si vous vous apercevez que vous avez des stocks très anciens ou devenus invendables (car obsolètes, par exemple), il vous faut alors les déprécier. N'oubliez pas de documenter la dépréciation en expliquant pourquoi on a choisi de déprécier. En cas de contrôle fiscal, cela est primordial.

Règle d'or n° 8
efforcez-vous de connaître votre résultat au mois le mois

Le premier réflexe de tout chef d'entreprise est de comparer la trésorerie en fin de mois avec celle du mois précédent. Il s'avère que certains phénomènes peuvent venir perturber cette lecture.

EXEMPLE

Vous avez énormément investi sur le long terme pour votre entreprise. Vous avez acquis des machines d'un montant supérieur à 500 € HT chacune [elles doivent donc être comptabilisées en immobilisations]. Les immobilisations impactent le résultat de l'entreprise uniquement pour la part des amortissements. Vous avez certes consommé de la trésorerie, mais votre résultat ne sera que faiblement impacté.

AUTRE EXEMPLE

Vous avez une activité de consultant. Vous employez deux personnes pour faire des missions auprès des clients. Vous connaissez donc votre masse salariale au mois le mois, votre chiffre d'affaires facturé, les loyers de vos locaux, et vos charges fixes mensuelles [loyer, électricité]. Il vous est donc possible de calculer un résultat mensuel et de le rapprocher ainsi de votre solde de trésorerie. Si les résultats sont bons, mais si votre trésorerie diminue, interrogez-vous sur vos encours clients : vos clients vous doivent-ils de l'argent ?

Règle d'or n° 9
communiquez avec votre expert-comptable sur la vie de votre entreprise

Des informations très éloignées de la comptabilité peuvent se révéler être très importantes pour votre expert-comptable et vous-même. Par exemple, un salarié vous attaque aux prud'hommes. Il faut donc provisionner le montant estimé à payer dans les comptes. Si vous ne lui donnez pas l'information, votre expert-comptable ne peut pas le savoir. Or, si vous ne le faites pas, vous risquez de payer de l'impôt sur les sociétés à tort.

ANNEXE 1 : EXEMPLE DE BUSINESS PLAN

Madame Villiers a plus de 20 ans d'expérience dans la recherche et le développement dans le secteur du traitement des eaux usées. Au cours de sa carrière, elle a participé aux projets les plus innovants dans les plus grands organismes français. Forte de cette expérience, elle souhaite aujourd'hui monter son entreprise afin de faire de la recherche pour déposer un brevet. Comme elle sait que la recherche de solutions innovantes est une activité incertaine, elle a également négocié un contrat de conseil avec un très grand groupe industriel, en parallèle de son activité de recherche.

Elle souhaite débuter son activité en octobre 2015. Avant de se lancer, elle réalise un business plan afin de connaître ses besoins en trésorerie. Elle a monté une SAS et désire se verser un petit salaire 1 000 € brut par mois au début. Elle veut savoir à partir de quand elle peut augmenter sa rémunération sans mettre en péril sa société.

Les hypothèses principales sont les suivantes :
- La TVA sur les ventes et les achats est à 20 %.
- La société est imposée à l'IS.
- Elle souhaiterait déposer 10 000 € de capital social dans son entreprise dès la création.
- Elle est en négociation pour obtenir un prêt de 50 000 € au démarrage de sa société par la BPI. Ce prêt est sur 5 ans, et elle peut bénéficier d'un différé de 12 mois. Sa première échéance serait donc en octobre 2016.

- Elle a signé un contrat de prestations de conseil pour 90 000 € par an HT, à partir du 1er décembre 2015 (soit 108 000 € par an HT, soit 9 000 € TTC encaissé par mois ou 7 500 € HT).
- Elle désire embaucher une personne pour pouvoir se consacrer à son activité de recherche à partir d'avril 2016. Elle prévoit de le payer 1 500 € brut par mois.
- Elle souhaite investir dans une machine pour effectuer des tests de laboratoire pour 8 000 € HT le 1er novembre 2015. La machine est amortissable sur 5 ans en linéaire.
- Les frais mensuels (location immobilière, électricité, eau, petit équipement, fournitures administratives, documentation, déplacements, frais postaux...) ont également été budgétés (voir tableau ci-dessous).

Toutes ces données permettent donc de réaliser un compte de résultat prévisionnel. Le tableau ci-dessous représente le compte de résultat prévisionnel pour 2015, 2016 et 2017. Comme le montre clairement le tableau, le résultat de la première année est déficitaire, alors que les autres années sont bénéficiaires.

Désignation	2015	%	2016	%	2017	%
Prestations vendues	7 500	100 %	90 000	100 %	90 000	100 %
Contrat de conseil (début décembre 2015) 90 K€/an	7 500	100 %	90 000	100 %	90 000	100 %
Chiffre d'affaires	7 500	100 %	90 000	100 %	90 000	100 %
Total des produits d'exploitation	7 500	100 %	90 000	100 %	90 000	100 %
Fournitures consommables	400	5 %	1 600	2 %	1 600	2 %
Électricité	150	38 %	600	38 %	600	38 %
Eau	90	23 %	360	23 %	360	23 %
Petit équipement	100	25 %	400	25 %	400	25 %
Fournitures administratives	60	15 %	240	15 %	240	15 %
Services extérieurs	5 415	72 %	19 862	22 %	19 862	22 %
Sous-traitance Recherche	500	9 %	2 000	10 %	2 000	10 %

Désignation	2015	%	2016	%	2017	%
Location immobilière	900	17 %	3 601	18 %	3 601	18 %
Primes d'assurances	100	2 %	400	2 %	400	2 %
Études et recherches	500	9 %	2 000	10 %	2 000	10 %
Documentation, séminaires	200	4 %	800	4 %	800	4 %
Honoraires comptables/ juridiques	900	17 %	3 601	18%	3 601	18 %
Déplacements	1 200	22 %	4 800	24 %	4 800	24 %
Missions, réceptions	150	3 %	600	3 %	600	3 %
Frais postaux	30	1 %	120	1 %	120	1 %
Frais télécommunications	210	4 %	840	4 %	840	4 %
Services bancaires	125	2 %	500	3 %	500	3 %
Honoraires, avocats pour dépôts brevet	600	11 %	600	3 %	600	3 %
Charges externes (Total)	5 815	78 %	21 462	24 %	21 462	24 %
Impôts et taxes	136	2 %	413	0 %	469	1 %
Impôts locaux	100	74 %	100	24 %	100	21 %
Taxe d'apprentissage	20	15 %	173	42 %	204	44 %
Formation professionnelle	16	12 %	140	34 %	165	35 %
Salaires brut (Salariés)			13 500	15 %	18 000	20 %
Salaire Assistant			13 500	100 %	18 000	100 %
Charges sociales (Salariés)			3 510	4 %	4 680	5 %
Salaire Assistant			3 510	100 %	4 680	100 %
Salaires brut (Dirigeant)	3 000	40 %	12 000	13 %	12 000	13 %
Salaire dirigeant	3 000	100 %	12 000	100 %	12 000	100 %
Charges sociales (Dirigeant)	1 350	18 %	5 400	6 %	5 400	6 %
Salaire dirigeant	1 350	100 %	5 400	100 %	5 400	100 %
Charges de personnel (Total)	4 350	58 %	34 410	38 %	40 080	45 %

Désignation	2015	%	2016	%	2017	%
Dotations aux amortissements	267	4 %	1 600	2 %	1 600	2 %
Machine pour laboratoire	267	100 %	1 600	100 %	1 600	100 %
Total des charges d'exploitation	10 568	141 %	57 885	64 %	63 611	71 %
Résultat d'exploitation	-3 068	-41 %	32 115	36 %	26 389	29 %
Charges financières	375	5 %	1 493	2 %	1 248	1 %
Intérêts sur emprunts	375	100 %	1 493	100 %	1 248	100 %
Résultat financier	-375	-5 %	-1 493	-2 %	-1 248	-1 %
Résultat courant	-3 443	-46 %	30 622	34 %	25 141	28 %
Impôt sur les bénéfices			4 077	5 %	3 771	4 %
Résultat de l'exercice	-3 443	-46 %	26 545	29 %	21 370	24 %

Intéressons-nous maintenant au budget de trésorerie, qui est différent du compte de résultat. Ce budget doit être géré au mois le mois. Le voici pour les 8 premiers mois d'exploitation de la société.

Désignation	Oct 2015	Nov 2015	Déc 2015	Total	Jan 2016	Fév 2016	Mar 2016	Avr 2016	Mai 2016
Encaissements									
Apports en capital	10 000			10 000					
Capital social Fondatrice	10 000			10 000					
Emprunts	50 000			50 000					
Prêt BPI	50 000			50000					
Prestations vendues			9 000	9 000	9 000	9 000	9 000	9 000	9 000
Contrat de conseil (début décembre 2015) 90 K€/an			9 000	9 000	9 000	9 000	9 000	9 000	9 000
Chiffre d'affaires (Total)			9 000	9 000	9 000	9 000	9 000	9 000	9 000

Désignation	Oct 2015	Nov 2015	Déc 2015	Total	Jan 2016	Fév 2016	Mar 2016	Avr 2016	Mai 2016
Total des encaissements	60 000		9 000	69 000	9 000	9 000	9 000	9 000	9 000
Décaissements									
Immobilisations corporelles		9 600		9 600					
Machine pour laboratoire		9 600		9 600					
Immobilisations (Total)		9 600		9 600					
Échéances d'emprunts	125	125	125	375	125	125	125	125	125
Prêt BPI	125	125	125	375	125	125	125	125	125
Fournitures consommables	160	160	160	480	160	160	160	160	160
Électricité	60	60	60	180	60	60	60	60	60
Eau	36	36	36	108	36	36	36	36	36
Petit équipement	40	40	40	120	40	40	40	40	40
Fournitures administratives	24	24	24	72	24	24	24	24	24
Services extérieurs	1 566	1 926	1 926	5 418	1 926	1 926	1 926	2 646	1 926
Sous-traitance Recherche	200	200	200	600	200	200	200	200	200
Location immobilière		360	360	720	360	360	360	360	360
Primes d'assurances	40	40	40	120	40	40	40	40	40
Études et recherches	200	200	200	600	200	200	200	200	200
Documentation, séminaires	80	80	80	240	80	80	80	80	80
Honoraires comptables/juridiques	360	360	360	1080	360	360	360	360	360
Déplacements	480	480	480	1440	480	480	480	480	480

Désignation	Oct 2015	Nov 2015	Déc 2015	Total	Jan 2016	Fév 2016	Mar 2016	Avr 2016	Mai 2016
Missions, réceptions	60	60	60	180	60	60	60	60	60
Frais postaux	12	12	12	36	12	12	12	12	12
Frais télécommu-nications	84	84	84	252	84	84	84	84	84
Services bancaires	50	50	50	150	50	50	50	50	50
Honoraires, avocats pour dépôts brevet								720	
Charges externes (Total)	1 726	2 086	2 086	5 898	20 86	2 086	2 086	2 806	2 086
État – Impôts									
Impôts locaux									
Taxe d'apprentissage									
Formation professionnelle									
Salaires net (Salariés)								1 170	1 170
Salaire assistant								1 170	1 170
Charges sociales (Salariés)									
Salaire assistant									
Salaires net (Dirigeant)	780	780	780	2 340	780	780	780	780	780
Salaire dirigeant	780	780	780	2 340	780	780	780	780	780
Charges sociales (dirigeant)					2 010			20 10	
Salaire dirigeant					2010			2010	
Charges de personnel (total)	780	780	780	2340	2 790	780	780	3 960	1 950
TVA à payer							1 045	1 153	1 153
Impôt société									

Désignation	Oct 2015	Nov 2015	Déc 2015	Total	Jan 2016	Fév 2016	Mar 2016	Avr 2016	Mai 2016
Total des décaissements	2 631	12 591	2 991	18 213	5 001	2 991	4 036	8 044	5 314
Solde									
Solde précédent		57 369	44 778		50 787	54 786	60 795	65 759	66 715
Variation de la trésorerie	57 369	-12 591	6 009		3 999	6 009	4 964	956	3 686
Solde de trésorerie	57 369	44 778	50 787		54 786	60 795	65 759	66 715	70 401
Encours fournisseurs	360	360	1 080		1 080	1 080	1 080	360	360

Cela nous permet de faire un certain nombre d'analyses.

- Fin octobre 2015, le solde de la trésorerie prévisionnelle ressort à 57 369 €. La société a donc consommé 2 631 € (10 000 € d'apport + 50 000 € d'emprunt - 57 369 €).
- Entre octobre et novembre, la société a consommé 12 591 € (57 369 € - 44 778 €). La machine a été acquise en novembre 2015 pour 9 600 €, ce qui explique la baisse de trésorerie prévisionnelle.
- En décembre 2015, la trésorerie est en augmentation de 6 009 € (50 787 € - 44 778 €), car madame Villiers commence à encaisser les fruits de son contrat de conseil.

À NOTER

Vous remarquerez que la société encaisse 9 000 €, alors qu'il n'est mentionné que 7 500 € au compte de résultat prévisionnel. Ceci est tout à fait normal : un compte de résultat est toujours HT. Elle encaisse bien le montant TTC, mais elle devra reverser la TVA à l'État.

RETROUVEZ L'INTÉGRALITÉ DU COMPTE DE RÉSULTAT, L'ANALYSE DU BUDGET DE TRÉSORERIE (JUSQU'À DÉCEMBRE 2017), AINSI QUE LE TABLEAU DE FINANCEMENT ET LA SYNTHÈSE

http://www.alisio.fr/comptabilite

ANNEXE 2 : CORRIGÉ DES EXERCICES

Exercice n° 1 (p. 93) faire passer une écriture d'achat

Voici les écritures à comptabiliser :

Date	Numéro de compte	Libellé du compte	Débit	Crédit
30/11/2015	607000	Achat de marchandises	200	
30/11/2015	445660	TVA déductible biens et services	40	
30/11/2015	401000	Fournisseurs		240
30/11/2015	601000	Achat de matières premières	833,33	
30/11/2015	445660	TVA déductible biens et services	166,67	
30/11/2015	401000	Fournisseurs		1 000

Exercice n° 2 (p. 151) comptabiliser une cession d'immobilisation

Avant de procéder à l'enregistrement des écritures comptables, il est nécessaire de calculer la valeur nette comptable de l'immobilisation au 30/6/N+4.

Prix de l'immobilisation brute	1 000
Dotation aux amortissements année N	200
Dotation aux amortissements année N+1	200
Dotation aux amortissements année N+2	200
Dotation aux amortissements année N+3	200
Dotation aux amortissements année N+4	100
Valeur nette comptable de l'immobilisation au 30/6/N+4	100

Voici maintenant les écritures à comptabiliser :

N° de compte	Libellé	Débit	Crédit
675200	Valeur nette comptable des éléments d'actifs cédés	100	
280000	Amortissement	900	
210000	Sortie de l'immo brute de l'actif de l'entreprise		1 000
512000	Banque	360	
445710	TVA collectée		60
775000	Produits de cession d'éléments d'actifs		300

L'impact de cette vente au compte de résultat de l'entreprise ressort donc à + 200 € (300 € - 100 €).

Exercice n° 3 (p. 162) TVA collectée, TVA déductible et TVA due

Le total de la TVA collectée par l'entreprise est de 40 000 x 0,2 = 8 000 €.

Sur la même période, la TVA déductible sur les achats de biens et de services est de 21 000 / 1,2 = 3 500 €.

Pour remplir votre déclaration de TVA en ligne, indiquez dans les cases correspondantes les informations suivantes :

- montant du chiffre d'affaires HT : 40 000 € ;
- TVA au taux normal de 20 % qui s'y rapporte : 8 000 € ;
- montant total de la TVA brute due : 8 000 € (le montant est le même, car vous n'avez qu'un seul taux de TVA) ;
- montant de la TVA déductible : 3 500 € ;
- montant de la TVA nette : total de la TVA brute due - montant de la TVA déductible : 4 500 €.

Exercice n° 4 [p. 178]

des écritures comptables au bilan et au compte de résultat

LE LIVRE-JOURNAL

Date	Journal	Numéro de compte	Libellé du compte	Débit	Crédit
01/10/2015	Journal de banque	512000	Banque	15 000	
		101000	Capital		15 000
02/10/2015	Journal de banque	512000	Banque	15 000	
		160000	Emprunts et dettes assimilées		15 000
02/10/2015		616000	Assurance	130	
	Journal de banque	512000	Banque		130
02/10/2015		601000	Achats de matières premières	5 000	
		445660	TVA déductible	1 000	
		401001	Fournisseurs de matières premières		6 000
03/10/2015		530000	Caisse	200	
		512000	Banque		200

Date	Journal	Numéro de compte	Libellé du compte	Débit	Crédit
04/10/2015		218400	Mobilier	1 000	
		445620	TVA sur immobilisations	200	
		404000	Fournisseurs d'immobilisations		1 200
05/10/2015		613200	Loyer	800	
		401003	Fournisseur		800
		401003	Paiement loyer	800	
		512000	Banque		800
10/10/2015		411001	Clients	3 600	
		701100	Vente de produits finis		3 000
		445710	TVA collectée		600
25/10/2015		622600	Honoraires	166,66	
		445660	TVA déductible	33,34	
		401004	Fournisseur Expert-comptable		200
25/10/2015		401004	Paiement Expert-comptable	200	
		512000	Banque		200
26/10/2015		606400	Achat enveloppes	45	
		445600	TVA déductible	5	
		530000	Caisse		50
30/10/2015		627800	Frais bancaires	25	
		512000	Banque		25
31/10/2015		512000	Encaissement clients	3 600	
		411001	Clients		3 600

LE GRAND LIVRE

Compte 101000 Capital			
Date	Libellé	Débit	Crédit
01/10/2015	Apport de capital		15 000
31/10/2015	Total	0	15 000
31/10/2015	Solde créditeur		15 000
Compte 160000 Emprunts et dettes assimilées			
Date	Libellé	Débit	Crédit
02/10/2015	Emprunt		15 000
31/10/2015	Total	0	15 000
31/10/2015	Solde créditeur		15 000
Compte 218400 Mobilier			
Date	Libellé	Débit	Crédit
04/10/2015	Achat de mobilier	1 000	
31/10/2015	Total	1 000	0
31/10/2015	Solde débiteur	1 000	
Compte 401001 Fournisseurs de matières premières			
Date	Libellé	Débit	Crédit
02/10/2015	Achat de matières premières		6 000
31/10/2015	Total	0	6 000
31/10/2015	Solde créditeur		6 000
Compte 401003 Fournisseur Loyer			
Date	Libellé	Débit	Crédit
05/10/2015	Loyer octobre		800
05/10/2015	Loyer octobre	800	
31/10/2015	Total	800	800
31/10/2015	Solde	0	0

Compte 401004 Fournisseur expert-comptable			
Date	**Libellé**	**Débit**	**Crédit**
25/10/2015	Honoraires expert-comptable		200
25/10/2015	Honoraires expert-comptable	200	
31/10/2015	Total	200	200
31/10/2015	Solde	0	0

Compte 404000 Fournisseurs d'immobilisations			
Date	**Libellé**	**Débit**	**Crédit**
04/10/2015	Achat de mobilier		1 200
31/10/2015	Total	0	1 200
31/10/2015	Solde créditeur		1 200

Compte 411001 Clients 01			
Date	**Libellé**	**Débit**	**Crédit**
10/10/2015	Vente de trois costumes	3 600	
31/10/2015	Encaissement client		3 600
31/10/2015	Total	3 600	3 600
31/10/2015	Solde	0	0

Compte 445600 TVA déductible sur les biens et services			
Date	**Libellé**	**Débit**	**Crédit**
02/10/2015	TVA sur les achats de matières premières	1 000	
25/10/2015	TVA sur honoraires expert-comptable	33,34	
26/10/2015	TVA sur les enveloppes	5	
31/10/2015	Total	1 038,34	0
31/10/2015	Solde débiteur	1 038,34	

Compte 445620 TVA déductible sur immobilisations			
Date	**Libellé**	**Débit**	**Crédit**
04/10/2015	TVA sur le mobilier	200	
31/10/2015	Total	200	0
31/10/2015	Solde débiteur	200	

Compte 445710 TVA collectée			
Date	**Libellé**	**Débit**	**Crédit**
10/10/2015	TVA sur les costumes vendus		600
31/10/2015	Total	0	600
31/10/2015	Solde créditeur		600

Compte 512000 Banque			
Date	**Libellé**	**Débit**	**Crédit**
01/10/2015	Apport de capital	15 000	
02/10/2015	Emprunt	15 000	
02/10/2015	Paiement de l'assurance		130
03/10/2015	Retrait d'espèces		200
05/10/2015	Paiement du loyer		800
25/10/2015	Paiement de l'expert-comptable		200
30/10/2015	Frais bancaires		25
31/10/2015	Encaissement clients	3 600	
31/10/2015	Total	33 600	1 355
31/10/2015	Solde débiteur	32 245	

Compte 530000 Caisse			
03/10/2015		200	
26/10/2015	Achat d'enveloppes		50
31/10/2015	Total	200	50
31/10/2015	Solde débiteur	150	

Compte 606400 Fournitures			
Date	**Libellé**	**Débit**	**Crédit**
26/10/2015	Achat d'enveloppes	45	
31/10/2015	Total	45	0
31/10/2015	Solde débiteur	45	

Compte 610000 Achats de matières premières			
Date	**Libellé**	**Débit**	**Crédit**
02/10/2015	Achat de matières premières	5 000	
31/10/2015	Total	5 000	0
31/10/2015	Solde débiteur	5 000	
Compte 613200 Location immobilière			
Date	**Libellé**	**Débit**	**Crédit**
05/10/2015	Loyer octobre	800	
31/10/2015	Total	800	0
31/10/2015	Solde créditeur	800	0
Compte 616000 Assurance			
Date	**Libellé**	**Débit**	**Crédit**
02/10/2015	Assurance	130	
31/10/2015	Total	130	0
31/10/2015	Solde débiteur	130	
Compte 622600 Honoraires			
Date	**Libellé**	**Débit**	**Crédit**
25/10/2015	Honoraires expert-comptable	166,66	
31/10/2015	Total	166.66	0
31/10/2015	Solde débiteur	166,66	
Compte 627800 Frais bancaires			
Date	**Libellé**	**Débit**	**Crédit**
30/10/2015	Prélèvement frais de tenue de compte	25	
31/10/2015	Total	25	0
31/10/2015	Solde débiteur	25	
Compte 701100 Vente de produits finis			
Date	**Libellé**	**Débit**	**Crédit**
10/10/2015	Vente de trois costumes		3 000
31/10/2015	Total	0	3 000
31/10/2015	Solde créditeur		3 000
TOTAL DU GRAND LIVRE (somme des soldes de tous les comptes)		40 800	40 800

LA BALANCE

Numéro de compte	Intitulé du compte	Mouvements		Soldes	
		Débit	Crédit	Débit	Crédit
101000	Capital		15 000		15 000
160000	Emprunt et dettes assimilées		15 000		15 000
TOTAL CLASSE 1			**30 000**		**30 000**
218400	Mobilier	1 000		1 000	
TOTAL CLASSE 2		**1 000**		**1 000**	
401000	Fournisseur matières premières		6 000		6 000
401003	Fournisseur loyer	800	800		
401004	Fournisseur expert-comptable	200	200		
404000	Fournisseur immobilisation		1 200		1 200
411001	Client 01	3 600	3 600		
445600	TVA déductible sur les biens et services	1 038,34		1 038,34	
445620	TVA sur les immobilisations	200		200	
445710	TVA collectée		600		600
TOTAL CLASSE 4		**5 838,34**	**12 400**	**1 238,34**	**7 800**
512000	Banque	33 600	1 355	32 245	
530000	Caisse	200	50	150	
TOTAL CLASSE 5		**33 800**	**1 405**	**32 395**	
606400	Fournitures	45		45	
610000	Achat matières premières	5 000		5 000	
613200	Location immobilière	800		800	
616000	Assurance	130		130	
622600	Honoraires	166,66		166,66	
627800	Autres services bancaires	25		25	
TOTAL CLASSE 6		**6 166,66**		**6 166,66**	
710100	Vente de produits finis		3 000		3 000
TOTAL CLASSE 7			**3 000**		**3 000**
TOTAL BALANCE		**46 805**	**46 805**	**40 800**	**40 800**

LE BILAN

Numéro de compte	Intitulé du compte	Actif	Passif
101000	Capital		15 000
160000	Emprunt et dettes assimilées		15 000
218400	Mobilier	1 000	
401000	Fournisseur matières premières		6 000
401003	Fournisseur loyer	0	0
401004	Fournisseur expert-comptable	0	0
404000	Fournisseur immobilisation		1 200
411001	Client 01	0	0
445600	TVA déductible sur les biens et services	1 038,34	
445620	TVA sur les immobilisations	200	
445710	TVA collectée		600
512000	Banque	32 245	
530000	Caisse	150	
	Sous-total	34 633,34	37 800
	Résultat		- 3 166,66
	TOTAL BILAN	34 633,34	34 633,34

LE COMPTE DE RÉSULTAT

Numéro de compte	Intitulé du compte	Charges	Produits
606400	Fournitures	45	
610000	Achat de matières premières	5 000	
613200	Location immobilière	800	
616000	Assurance	130	
622600	Honoraires	166,66	
627800	Autres services bancaires	25	
710100	Vente de produits finis		3 000
	Sous-total	6 166,66	3 000
	Résultat		66,66
	TOTAL COMPTE DE RÉSULTAT	6 166,66	6 166,66

TABLE DES MATIÈRES

793